UM LUGAR À MESA

RECEITAS ESPECIAIS
para encontros espirituais

Kelly Minter
com REGINA PINTO

1ª Edição
Santo André, SP

Copyright©2019 by Kelly Minter. Published by B&H Publishing Group.
Lifestyle photography©Cole Gorman.
Food photography©Stephanoe Mullins Bell.

Editor responsável
Marcos Simas
Maria Fernanda Vigon

Tradução
Julia Ramalho

Preparação de Texto
Lilian Condeixa

Revisão
João Rodrigues Ferreira
Marcelo Miranda
Nataniel Gomes
Angela Baptista

Diagramação e capa
Jonas Lemos

As receitas desta obra em português consta com a consultoria da *chef de cozinha Paula Vido Fiorese*, formada pela Anhembi Morumbi e pela Bellouet Conseil na França.

Essa obra foi impressa no Brasil com a qualidade de impressão e acabamento Geográfica. Todos os direitos desta obra pertencem à Geográfica Editora©2021. Qualquer comentário ou dúvida sobre este produto escreva para produtos@geografica.com.br

M6671	Minter, Kelly
	Um lugar à mesa: receitas especiais para encontros espirituais/ Kelly Minter e Regina Pinto. – Santo André: Geográfica, 2021.
	264p. ; il. ; 21x28cm
	ISBN 978-65-5655-172-2
	1. Receitas. 2. Pratos especiais. 3. Livro de culinária. 4. Deus. I. Pinto, Regina. II. Título.
	CDU 641.55(083.12)

Catalogação na publicação: Leandro Augusto dos Santos Lima – CRB 10/1273

*Para mamãe e papai,
por sempre nos oferecerem
um lugar à mesa.*

SUMÁRIO

❖ *Por Que Cozinhar é Importante?* 1

— A COMIDA QUE NOS UNE —

Pizza Caseira 14

Salada Simples.................................. 15

Macarrão Farfalle com Tomate Seco..... 17

Feijão Preto com Coentro, Molho
Apimentado, Abacate e Arroz............. 20

Enchiladas de Frango com Coentro...... 21

❖ *Os Benefícios das Conservas* 22

Frango Assado com Legumes............... 25

Salada de Taco da MK........................28

Salada Grega com Frango Grelhado 29

— DIRETO DA HORTA —

 Macarrão com Manjericão e Tomate-
cereja...39

Frango Grelhado com Limão e Legumes..42

Kebab com Molho de Pepino...............43

Macarrão de Tomate com Linguiça e
Abóbora..48

Pimentão Recheado...........................49

Salada Caprese..................................52

Pepino e Cebola com Salada de Creme
de Leite 53

Sanduíche de Bacon, Alface e Tomate...54

Trifle de Frutas Vermelhas................... 57

❖ *Cultivo de Ervas e Temperos* 58

— O TOMATE —

Bolinhos de Arroz "Arancini" 70

Salada Panzanella.............................. 71

Salmão com Pesto e Tomate 73

Nhoque com Molho de Tomate 76

Risoto de Linguiça e Abóbora..............77

Espaguete à Bolonhesa.......................79

Tiramisu..82

Panna Cotta de Frutas Vermelhas 83

— A NOVA FESTA AMERICANA —

Tábua de Charcutaria 94

Aspargos com Tartalete de Alcaparras...95

Rolinhos Primavera............................97

Torrada de Camarão com Aioli 100

Crostini de Carne 100

Tartalete de Milho 101

Molho Fiesta 103

Feijão Brasileiro da Regina Pinto........ 103

Festival dos Pães Árabes.................... 106

Biscoitos Amanteigados 107

❖ *Flores, Plantas e Decoração*............ 108

— DEFENDENDO A SOPA —

Sopa de Couve, Linguiça e Feijão Branco.. 119

Sopa de Tomate com Manjericão........ 122

Sopa de Carne com Farro.................. 123

Sanduíche de Queijo Quente 124

Broa de Milho 125

Chili 128

Canja de Galinha com Salsa Verde 129

Bisque de Abóbora com
Crouton de Maçã............................. 131

Canja de Peru.................................. 134

Sopa de Macarrão com Frango........... 135

❖ *Caldo Caseiro* 136

Caldo de Carne da Regina 137

— A HISTÓRIA DE UM GRANDE PEIXE DA AMAZÔNIA —

Peixe Grelhado com Vinagrete........... 148

Salada Verde com Manga e
Molho de Laranja............................. 149

Sopa de Feijão Preto 150

Salpicão Brasileiro............................ 153

Bife à Milanesa (Bife à Parmegiana).... 156

Costelinhas de Porco com Parmesão... 157

Feijoada... 159

Molho de Pimenta do Zozo............... 161

Pudim da Vilma 164

Mousse de Maracujá......................... 165

Brigadeiro....................................... 166

— CAFÉ DA MANHÃ E A ARTE DA HOSPITALIDADE —

Granola da Kristin 178

Aveia Caseira 179

Muffins de Morango Fresco 180

Tigela de Batata-Doce, Couve e
Ovos da April 183

Burrito Mexicano 186

Omelete de Tomate Seco
com Queijo de Cabra 187

Festa do Crepe 189

Pãozinho de Laranja 192

Bolinho de Mirtilo da Tia Elotia 193

Pudim de Pão de Pêssego
com Creme Inglês 194

Rolinhos de Canela com Glacê Doce .. 195

— OCASIÕES ESPECIAIS —

Pernil de Cordeiro Braseado com Polenta .. 206

Repolho Gratinado 207

Ensopado de Carne 210

Couve-de-bruxelas com Bacon 211

Torta Cheesecake 212

Lombo de Porco 216

Arroz de Natal 217

Torta de Nozes da Charlotte 218

Trança Folhada de Frango com Espinafre .. 222

Aspargos com Pinoli e Parmesão 223

Salada de Alface Romana da Mamãe .. 224

Batata Duplamente Assada 225

❖ *Bebidas da Estação* 226

— DOCES COMEMORAÇÕES —

Bolo de Morango 237

Bolo de Leite 240

Torta de Café 241

Cookies de Chocolate ao Leite, Chocolate
Branco e Caramelo 244

Cookies de Framboesa 245

Cookies de Nozes com Laranja 246

Brownies de Manteiga de Amendoim ... 247

Torta de Banana com Café 249

Bolo Inglês da Meme 251

Torta de Cereja e Amêndoas 253

❖ *Preparação para as Compras do Jantar* ... 254

POR QUE COZINHAR É IMPORTANTE?

Meu amor pela comida e pela cozinha foi cultivado por eu ter crescido em uma família que sempre amou comer e em um lar onde minha mãe preparava o jantar quase todas as noites.

Essas primeiras experiências em casa também ajudaram a definir o meu amor pelas pessoas e pela comunicação – pelo simples motivo de que a comida e as reuniões agradáveis estão ligadas, elas se alimentam. E isso não é um simples trocadilho. Qualquer conversa fica melhor com uma xícara de café e uma fatia de bolo – e tomar uma xícara de café com uma fatia de bolo torna-se, sem dúvida, infinitamente mais agradável quando temos alguém com quem dividi-las.

É muito mais provável que dediquemos nossa atenção e companhia para saborear uma refeição com outras pessoas ao investirmos tempo para prepará-la. Precisamos desacelerar o suficiente para que nossas papilas gustativas possam saborear e discernir sabores sazonais, para que tenhamos a oportunidade de provar novos ingredientes, ou para plantar um legume ou algum vegetal na horta. Assim, será possível reconhecer e valorizar a maravilhosa criação de Deus, bem como aprender todo o percurso que esses ingredientes fazem até chegarem às nossas cozinhas e aos nossos pratos.

Além disso, gosto de pensar que, quando as refeições que aprontamos são compartilhadas à mesa com gente querida, o prato está na melhor situação possível. É nesse momento que ele pode olhar ao redor da sala e dizer: "Cheguei!"

Encontramos, no entanto, dificuldade de experimentar esse tipo de satisfação. Isso porque vivemos em uma sociedade agitada e apressada, a qual não nos proporciona muito tempo para cozinhar, principalmente com ingredientes de qualidade que podem fazer toda a diferença. É justamente por essa razão que, com um pouco de planejamento, as receitas apresentadas neste livro são bastante acessíveis e possíveis. (Também incluímos algumas um pouco mais desafiadoras para aquelas pessoas que tiverem tempo de se aventurar – uma cortesia da Regina.)

Nosso objetivo não é sobrecarregar você, mas sim capacitá-la a valorizar até mesmo as refeições mais simples com aqueles que ama. Afinal, quando não dedicamos tempo para cozinhar uma refeição gostosa, a boa comida não é a única vítima – nós também perdemos todas as conversas e risos que acontecem naturalmente em uma cozinha movimentada e em torno de uma mesa servida com comida caseira.

Sempre que cozinhar me parece uma tarefa árdua ou algo para o qual não tenho tempo, trago um episódio à memória. Lembro-me de uma tarde quando eu estava na floresta amazônica e Maria, a mulher de um pastor nativo, abriu as portas de sua casa para me receber. Ela planejou fazer frango para o jantar e me convidou para a refeição. O que eu não sabia era que o tal frango que comeríamos cacarejava em seu quintal. Vivo – ciscando alegremente para lá e para cá, sem qualquer suspeita de que aquela querida e doce mulher, cheia do Espírito Santo, estava prestes a cortar seu pescoço. Estava muito longe da minha realidade o cuidado de Maria com aquela galinha, desde o seu nascimento até... até ela virar canja. Tudo o que eu precisava fazer para preparar um frango era correr até a sessão de congelados do supermercado e comprar dois peitos desossados e sem pele. Essa lembrança sempre me ajuda a ter uma nova perspectiva.

A comida é uma bênção, e cozinhar é um convite para nos envolvermos ativamente nessa graça. Quando preparamos uma refeição, nos tornamos mais gratas ao Senhor pela dádiva que é o alimento.

A maioria de nós provavelmente nunca tem como cultivar o próprio alimento e colhê-lo para, só então, o cozinhar e o consumir para sobreviver (como era o caso de Maria). Contudo, espero que, ao menos, nos agarremos à tarefa de prepará-lo. Por quê? Bem, pois há um fato do qual simplesmente não consigo escapar e que me transformou ao longo dos anos: a comida é uma bênção, e cozinhar é um convite para participarmos ativamente dessa graça.

Quando preparamos uma refeição, nos tornamos mais gratas ao Senhor pela dádiva que é o alimento, nos conectamos mais ao milagre da sua criação e refletimos a sua criatividade. E, além de todos esses motivos, cozinhar o próprio alimento é melhor para a nossa saúde e para a saúde daqueles que estão ao nosso redor. Afinal, compartilhar a comida que preparamos com quem amamos é uma das maiores alegrias da vida. Pelo menos para mim.

Seja você novata, profissional ou intermediária na arte de cozinhar, oro para que esta coleção de receitas e histórias a inspire e capacite a cuidar de si mesma e dos outros por meio das refeições. Que você deseje sentir o cheiro de um novo tempero ou tente uma nova técnica culinária. E que se motive a convidar pessoas para compartilhar uma refeição em sua mesa e, quem sabe, use essa oportunidade para apresentar-lhes o Deus que criou todos os sabores e as pessoas com quem estão reunidas para apreciá-los.

Na cultura acelerada em que vivemos, cozinhar importa, porque é um dos últimos contatos que ainda temos com a nossa comida além de comê-la. Além disso, em nossa sociedade de pessoas solitárias, cozinhar e dividir refeições é um dos últimos contatos que ainda temos uns com os outros. É minha esperança que Um lugar à mesa lhe ofereça apoio e incentivo para que você recupere algum espaço em sua vida e em sua casa para esse costume tão prazeroso e importante.

A COMIDA
QUE NOS UNE

Não consigo identificar exatamente em que momento o meu amor pela cozinha atingiu o ápice, porém ele começou a ferver quando eu ainda era pequena e vivia em volta da mesa de jantar da família.

Nossa família sempre amou comida. Discutíamos sobre o que comeríamos em nosso lanche da tarde já durante o café da manhã. As refeições eram o momento perfeito para falarmos sobre as próximas refeições. Nossos jantares não eram sofisticados, mas eram consistentes. Eu podia contar com isso, independentemente do que tivesse acontecido naquele dia na escola, na aula de basquete ou, de maneira mais sutil, em minha própria mente ansiosa. Nossas refeições em família representavam mais do que apenas alimento para o corpo; a mesa de jantar era como um ancoradouro onde sempre podíamos encontrar um porto seguro.

Foi na mesa de jantar da minha família que comecei a apreciar a comida e a comunhão que ela, invariavelmente, traz. Comíamos e conversávamos. Comíamos e ríamos. Comíamos e brigávamos para decidir quem se sentaria onde, enquanto reclamávamos das cebolas picadas que nossa mãe tentava esconder no bolo de carne, mesmo depois de implorarmos a ela que não fizesse isso.

— Ah, mãe! — eu reclamava, empurrando o prato. — Odeio cebola.

— Kelly, não dá nem para sentir o gosto de tão pequenas que estão.

— Bem, se não dá nem para sentir o gosto, então por que você insiste em colocá-las?

Meu pai, então, entrava em cena e me repreendia pelo meu atrevimento. As cebolas picadas no bolo de carne eram um grande problema para nós, e é por isso que eu não trouxe a receita de bolo de carne para este livro. De uma maneira geral, ainda tenho problemas com a palavra picada.

Os membros da minha família descobriram muita coisa uns sobre os outros enquanto fazíamos as refeições. Algumas vezes, até certas informações que preferiríamos não saber. Em certa ocasião, quando meu irmão David tinha seis anos, era a sua vez de orar antes de comer. Todos nós demos as mãos enquanto ele agradecia a Deus por alguma característica em particular da qual ele gostava em cada um de nós, exatamente como a professora da escola dominical havia ensinado em suas aulas.

— Querido Deus — começou ele, em tom sincero. — Obrigado pelo papai, a quem amamos tanto e que sempre brinca conosco.

Ele abriu um pouco os olhos para ver quem estava sentado ao lado do nosso pai e os fechou novamente para continuar a oração.

— E por Megan, que é sempre tão legal comigo e divide seus brinquedos. Obrigado também pela Katie, que brinca comigo. Obrigado pela mamãe, que me leva à escola e compra as coisas para mim.

Eu estava sentada ao final da mesa e, portanto, fui a última no círculo de oração. Ele continuou:

— E obrigado por Kelly que… — depois de uma pequena pausa. — Na verdade, não gosto muito da Kelly.

Aquele foi um momento de honestidade brutal. Minhas irmãs explodiram em gargalhadas, enquanto meus pais tentavam esconder o riso para não envergonhar o meu irmão. Os olhinhos de David abriram-se imediatamente, demonstrando surpresa genuína e se perguntando o que era tão engraçado. Afinal, as orações devem ser sinceras, não é mesmo? Não me lembro por que especificamente David estava chateado comigo naquele dia.

Por ser a irmã mais velha que estudava na mesma escola que ele, provavelmente eu não era tão legal com meu irmãozinho. Passei grande parte da minha vida adulta tentando compensar por essa fase infeliz do nosso relacionamento. Nunca conversamos explicitamente sobre isso, mas está subentendido que devo chips e guacamole a ele pelo resto da vida.

Serei eternamente grata aos meus pais pela sua determinação em solidificar os jantares em família como parte de nossa rotina diária. Estou consciente de que os tempos continuam mudando e que nem todos conseguem preparar refeições todos os dias da semana. Mas o hábito cultivado por nossa mãe de cozinhar diariamente e exigir a nossa presença à mesa promoveu estabilidade e comunhão à família, oferecendo uma base que não poderíamos ter encontrado de outra forma.

Mesmo sem perceber, estávamos aprendendo sobre atributos de Jesus, pois nossos pais não somente nos serviam e alimentavam, mas também nos davam o exemplo de graça, bondade e, até, amizade.

A mesa de jantar era um lugar onde podíamos fazer perguntas. Surgiam, inevitavelmente, situações diárias que exigiam sabedoria de nossa parte: Como podíamos ser humildes após vencermos em algum esporte? Como poderíamos ser compreensivos e razoáveis quando não éramos escolhidos para cantar o solo no coral? Como deveríamos reagir ao sermos mal tratados por algum colega de classe? O que significava ser uma pessoa de caráter e por que isso é importante?

Mais do que um lugar para compartilhar nossas histórias sobre cada dia, a mesa de jantar era onde aprendíamos a pensar sobre as necessidades dos outros. Além de agradecer a Deus pela refeição, também orávamos por pessoas conhecidas que estavam pas-

---

Nossas refeições em família representavam mais do que alimento para o corpo; a mesa de jantar era como um ancoradouro onde sempre podíamos encontrar um porto seguro.

---

sando por dificuldades. Em seguida, nossos pais contavam o que estavam fazendo para ajudá-las. Tudo isso e muito mais eram compartilhados quando fazíamos refeições em família. Da maneira mais sutil, nossos jantares nutriam a nossa alma tanto quanto o nosso corpo.

Também sou grata pelo papel desempenhado pelo nosso pai durante as refeições em família. Embora não seja um cozinheiro propriamente, meu pai contribuía com o ambiente alimentar da casa de maneira própria e única. Ele não preparava nenhuma refeição para nós, mas se aventurava em algumas tentativas culinárias. Como na vez em que ficou convencido de que o pão que comprávamos na padaria era tão nutritivo quanto um pedaço de papelão. Então, ele comprou um liquidificador profissional para moer seus próprios grãos de trigo e fazer pão.

— Mike, não sei identificar um grão de trigo — reclamou minha mãe. — Você não pode agir como uma pessoa normal e comprar farinha de trigo no mercado como todo mundo?

Meu pai respondeu a essas perguntas sensatas com "não" e "não".

Poucos dias depois, meu pai entrou na cozinha com seis sacos gigantes de grãos de trigo – alguns deles tão grandes e pesados que pareciam carregar um corpo. Eram tantos sacos, que tropeçávamos neles quando andávamos pela cozinha. Não me lembro de presenciar muitas brigas dos meus pais, mas a decisão do meu pai de comprar sacos de grão de trigo, liquidificadores profissionais, utensílios de cozinha que entulhavam a bancada e as formas de pão foi um motivo de briga entre eles. Ao contrário da minha mãe, que simplificava as receitas que preparava, tudo o que meu pai fazia precisava ser colhido da terra ou de alguma árvore.

O compromisso do meu pai com a alimentação natural acabou criando algumas tradições anuais. Por exemplo, todo mês de outubro tínhamos duas toneladas de compota de maçã caseira como resultado de irmos, nós seis, colher maçãs no pomar de Stribling. No verão, sempre comíamos o tomate, a abóbora e a abobrinha que ele plantava em sua pequena horta. E havia, é claro, as épocas em que decidia fazer pão (que parecia levar dias) e podíamos desfrutar de torradas especiais no café da manhã. Embora as suas contribuições culinárias fossem deliciosas, só aconteciam de vez em quando e um pouco por vez. A verdade é que morreríamos de fome se dependêssemos delas.

O exemplo consistente da minha mãe de uma culinária prática e eficiente combinada ao fascínio do meu pai por tudo aquilo que podia ser cultivado e preparado direto da horta caseira me fez admirar ambos. Em noites agitadas, quando só consigo encontrar tempo para utilizar os ingredientes que tenho em mãos, posso me inspirar na minha mãe e preparar rapidamente um prato de massa com uma salada simples. Em outras noites, com mais tempo, sigo o exemplo do meu pai e faço algo como uma salsa verde caseira com tomates mexicanos fresquinhos, colhidos direto da minha horta. Isso leva um pouco mais de tempo, é claro, principalmente se considerarmos quanto tempo leva para que os tomates mexicanos cresçam.

Você sabia que os pés de tomate mexicano precisam crescer em pares para que possam fazer a polinização cruzada? Só descobri isso depois de plantar um único pé em minha horta e ver que não estava dando certo. Para conseguir preparar o meu próprio molho de salsa verde picante, eu teria que plantar outro pé de tomate mexicano ao lado do primeiro.

Felizmente, eu havia planejado levar Will e Harper (meus sobrinhos) até o parque e poderia passar na feira no caminho. Como eu poderia desperdiçar o meu novo conhecimento sobre jardinagem e deixar de ensinar algo novo a eles?

— Por que você não comprou isso antes de nos buscar? — reclamaram eles, enquanto eu os arrastava de um corredor a outro à procura do meu pé de tomate.

Veja, eles não entendiam a maneira como o meu pai fazia as coisas. E como eu agora também fazia, que é basicamente esta: quanto mais complicado e demorado algo for, melhor.

No entanto, a ida à feira produziu um resultado maravilhoso nas crianças: elas agora sabem diferenciar um pé de tomate mexicano de todos os outros. Além disso, meus sobrinhos adoram comer chips com o meu molho de salsa verde caseiro fresquinho. Aquela ida à feira junto aos muitos anos comendo chips com molho de salsa verde ajudou a criar uma experiência da qual eles se lembrarão alegremente daqui a trinta anos. Experiências como as que meus pais criaram para mim e meus irmãos.

Quando era criança, eu não tinha consciência de toda a tradição, o carinho e o trabalho que estavam por trás de cada ensopado feito pela minha mãe ou de cada pão feito pelo meu pai. Simplesmente nos alegrávamos por estarmos reunidos para comer nossos pratos preferidos. E acredito que esse seja realmente o objetivo. A diferença, agora que somos adultos, é que se desejarmos compartilhar essas refeições maravilhosas com profunda comunhão,

> **Espero que cada membro da sua família, amigos e até estranhos encontrem não somente um porto seguro em sua mesa, mas também os atributos do próprio Cristo.**

somos nós que precisamos cozinhá-las. Não podemos mais apenas sentar à mesa e reclamar das cebolas.

Talvez seja por esses motivos que eu quis escrever um livro de receitas. Não porque sou uma chef experiente (Regina Pinto me salvou!), mas por causa das experiências compartilhadas, das conversas ricas e do aprofundamento das relações que acontecem tão naturalmente em torno da cozinha e da mesa. Essas lembranças calorosas de cuidado e união ao redor da mesa durante a minha infância cultivaram em mim o desejo de reunir as pessoas da mesma maneira.

Assim, juntos, é possível desfrutar da comunhão por meio das refeições. Proporcionar uma reunião agradável e um lugar à mesa é o propósito dessa coleção de histórias e receitas que você tem agora em mãos.

Se o seu objetivo for reunir as pessoas por intermédio de refeições que exigem um pouco mais de tempo e utilizam ingredientes naturais e acessíveis, eu lhe ofereço Um lugar à mesa. Ao armar você com algumas receitas e incentivo, espero que cada membro da sua família, amigo e até estranhos encontrem não apenas um porto seguro em sua mesa, mas também os atributos do próprio Cristo. Grãos de trigo não serão necessários. ❧

Salada Simples (receita na página 15).

Pizza Caseira (receita na página 14).

PIZZA CASEIRA

TEMPO DE PREPARO: 20 minutos (mais 1 hora para a massa crescer) |
TEMPO DE COZIMENTO: 40 minutos | **RENDIMENTO:** 2 a 3 pizzas pequenas

Ingredientes:
MASSA

1 ½ xícara de água

1 pacote de fermento seco

7 colheres de sopa de azeite

1 ½ colher de chá de sal

1 colher de chá de açúcar

4 xícaras de farinha, divididas

MOLHO

800g de tomate-ameixa

1 colher de sopa de azeite

2 colheres de chá de sal

½ colher de chá de orégano

Opcional: pimenta

IDEIAS DE INGREDIENTES PARA SABORES

Queijo Grana Padano, rúcula, presunto, azeite, sal, pimenta

Pesto, queijo ricota, espinafre, folhas de manjericão, cogumelos, azeite de oliva

Molho de tomate, muçarela ralada, orégano, azeite de oliva

Queijo fontina, figos, vinagre balsâmico

Molho de tomate, queijo muçarela, pimentão verde, linguiça, azeitonas, cogumelos, cebolas

Queijo ricota, cebola caramelizada, presunto, queijo gruyère

MODO DE PREPARO:

1. **PARA FAZER A MASSA:** Em uma tigela grande, dissolva o fermento em água quente. Adicione 3 colheres de sopa de azeite, 1 ½ colher de chá de sal e 1 colher de chá de açúcar. Misture bem.

2. Acrescente 2 xícaras de farinha. Bata na batedeira elétrica ou com uma colher de pau. Em seguida, incorpore as 2 xícaras de farinha restantes, uma de cada vez, mexendo enquanto faz isso.

3. Sova a massa até ficar homogênea, por cerca de 5 minutos. Coloque a massa em uma tigela untada com azeite. Pincele a parte superior da massa com azeite e cubra-a com um pano úmido. Reserve em local quente por 1 hora, aproximadamente. (Eu aqueço um pouco o forno, desligo e guardo a massa dentro.)

4. Quando a massa crescer, retire-a do forno (ou de outro local aquecido) e empurre-a para baixo (bata os punhos com cuidado e firmeza no meio da massa). Em seguida, enrole as bordas da massa em seu centro, criando uma bola.

5. Polvilhe a bancada com farinha, tire a massa da tigela e a estenda levemente. Quando acabar de abrir a massa, assente-a em uma forma de pizza levemente untada. Pincele a massa com o restante do azeite, se desejar. Deixe crescer novamente por 1 hora. (Você pode pular esta etapa se não tiver tempo.)

6. Pré-aqueça o forno a 200 graus.

7. Quando a massa estiver do tamanho do seu agrado, cubra-a com o molho e os ingredientes de sua preferência (veja a lista de ingredientes). Depois, leve ao forno até a massa dourar e os ingredientes cozinharem.

8. **PARA FAZER O MOLHO:** Coloque os tomates (e o seu suco, se desejar) e todos os temperos no liquidificador. Bata de 3 a 4 vezes até obter uma consistência macia. Não bata em excesso.

❖ *Imagem na página 13*

ADAPTAÇÕES DA PIZZA

Com a mesma massa, você pode fazer um calzone, uma espécie de pizza italiana dobrada. Geralmente o calzone é recheado com queijo ricota, muçarela, pedacinhos de peito de peru ou presunto e molho de tomate. Depois de dobrar e pressionar para selar as bordas, pincele com o molho de tomate, polvilhe com queijo parmesão e leve ao forno.

Você também pode criar uma bela pizza siciliana de tomate. Pulverize uma forma de 20 x 30cm, enrole a massa na forma e deixe crescer por 1 hora, até que dobre de tamanho. Descasque os tomates, corte-os ao meio e retire as sementes. Disponha os tomates na massa lado a lado. Em seguida, adicione um pouco de alho picado e um pedacinho de anchova. Finalize, regando com azeite e sal, e leve ao forno até dourar. As anchovas são opcionais.

SALADA SIMPLES

TEMPO DE PREPARO: 10 minutos | **TEMPO DE COZIMENTO:** 0 minuto | **RENDIMENTO:** 6 porções

Ingredientes:
SALADA

2 alfaces roxas lavadas

½ cebola roxa em fatias finas

1 pepino em fatias finas

1 xícara de tomate-cereja, cortados ao meio

MOLHO

2 colheres de sopa de azeite

1 colher de sopa de vinagre de vinho tinto ou suco de limão

Sal e pimenta a gosto

½ colher de chá de mostarda Dijon

MODO DE PREPARO:

1. Agrupe todos os ingredientes da salada em uma tigela grande.
2. Em uma vasilha separada, junte os componentes do molho.
3. Despeje a mistura do molho na salada.

Kelly: A pizza é uma das receitas que mais gosto de fazer porque pode ser preparada em grupo. Meu irmão costuma fazer a massa caseira e o molho, enquanto o restante de nós leva os ingredientes para elaborar os sabores das pizzas. Além disso, preparamos uma salada simples para acompanhar. A salada sempre faz com que eu me sinta mais saudável e menos culpada ao comer pizza.

Imagem na página 12 ❖

MACARRÃO FARFALLE COM TOMATE SECO

TEMPO DE PREPARO: 30 minutos | **TEMPO DE COZIMENTO:** 20 minutos | **RENDIMENTO:** 4 a 6 porções

Ingredientes:

2 pacotes de tomates secos, amaciados e cortados em tiras

450g de macarrão gravatinha

2 a 3 colheres de sopa de azeite

10 dentes de alho picados

½ xícara de pinoli

450g de queijo feta, esfarelado

1 lata (450g) de azeitonas pretas picadas

Sal e pimenta a gosto

Opcional: 500g de peito de frango desossado e sem pele, cortado em pedaços pequenos

MODO DE PREPARO:

1. Amoleça os tomates secos de acordo com as instruções da embalagem e corte-os em tiras.
2. Cozinhe o macarrão de acordo com as instruções da embalagem. Escorra-o e reserve-o.
3. Enquanto o macarrão cozinha, se você quiser acrescentar frango a esta receita, corte-o em pedaços pequenos e reserve.
4. Aqueça o azeite em uma frigideira, mantendo o fogo médio. Quando o óleo estiver quente, acrescente o alho e refogue por 2 minutos. Adicione os tomates secos e refogue por mais 2 ou 3 minutos.
5. Se usar o frango, coloque-o na frigideira e cozinhe-o até ficar pronto. Junte a mistura de frango e o tomate seco ao macarrão. Depois, polvilhe com pinoli, queijo feta e azeitonas. Sirva imediatamente.

Kelly: Faço esse prato de massa há anos. Seja para comer sozinha ou para compartilhar com os amigos, essa é uma das minhas receitas preferidas, pois é fácil de elaborar e, ao mesmo tempo, é deliciosa. Atribuo o seu sabor maravilhoso e diferenciado ao tomate seco e ao pinoli.

Feijão Preto com Coentro, Molho Apimentado, Abacate e Arroz. (receita na página 20).

Enchiladas de Frango com Coentro. (receita na página 21).

FEIJÃO PRETO COM COENTRO, MOLHO APIMENTADO, ABACATE E ARROZ

TEMPO DE PREPARO: 30 minutos | **TEMPO DE COZIMENTO:** 1 hora e 20 minutos | **RENDIMENTO:** 6 a 8 porções

Ingredientes:

430g de feijão preto

2 xícaras de arroz integral

½ cebola picada

1 ramo de coentro fresco

6 dentes de alho picados

1 colher de sopa de azeite

340g de queijo Provolone ralado, dividido

2 abacates descascados, sem caroço e fatiados

1 pote de salsa

1 xícara de creme de leite azedo (sour cream)

Um saco de chips de tortilha

MODO DE PREPARO:

1. Aqueça o feijão preto em uma panela, em fogo médio. (Deixe o feijão aquecer por 20 minutos.)
2. Em uma panela separada, prepare o arroz integral de acordo com as instruções da embalagem. Reserve.
3. Pique a cebola, o coentro e o alho. Aqueça o azeite em uma frigideira, em fogo médio, cerca de 1 minuto. Refogue a cebola, o coentro e o alho no azeite.
4. Pré-aqueça o forno a 160 graus.
5. Junte a mistura de cebola com o feijão preto.
6. Despeje a mistura de feijão preto em uma frigideira de 20cm x 30cm e cubra com 225g do queijo Provolone ralado, cobrindo bem. Cubra com papel alumínio e leve ao forno por 30 minutos.
7. Sirva o feijão preto sobre o arroz, juntamente com uma boa cobertura de fatias de abacate, molho, creme de leite, chips de tortilha e o restante do queijo ralado para uma bela apresentação.

Kelly: Se você gosta de coentro, essa será uma de suas receitas favoritas. É um prato simples, saudável e barato, mas nem por isso diminui a riqueza de sabores. Já servi esse prato inúmeras vezes, e meus amigos e familiares sempre pedem a receita.

❖ *Imagem na página 18*

ENCHILADAS DE FRANGO COM COENTRO

TEMPO DE PREPARO: 45 minutos | **TEMPO DE COZIMENTO:** 20 a 30 minutos | **RENDIMENTO:** 6 a 8 porções

Ingredientes:

6 peitos de frango desossados e sem pele, desfiados

(reserve 2 xícaras de caldo)

1 colher de chá de cominho

½ xícara de coentro fresco bem embalado

½ xícara de creme de leite azedo (sour cream)

2 xícaras de caldo de galinha

8 tortilhas do tamanho de burritos

8 colheres de sopa de molho, leve ou picante

Opcional: 2 latas de feijão preto, lavados e escorridos

110g de queijo Provolone ralado

110g de queijo cheddar ralado

MOLHO

½ barra de manteiga

1 colher de sopa de farinha de trigo

MODO DE PREPARO:

1. Pré-aqueça o forno a 180 graus. Ferva os peitos de frango por 20 minutos e reserve 2 xícaras do caldo restante ao escorrer. Desfie os peitos de frango.

2. **PARA FAZER O MOLHO:** No liquidificador, misture cominho, coentro, creme de leite azedo (sour cream), 1 xícara de caldo de galinha e 1 xícara do caldo de galinha que sobrou.

3. Em uma frigideira ou panela, aqueça a manteiga lentamente e adicione a farinha até ficar homogêneo. Lentamente, acrescente as 2 xícaras restantes de caldo de galinha até ficar homogêneo e cremoso. (Se desejar uma consistência mais espessa, coloque mais farinha.) Junte esta mistura ao conteúdo do liquidificador e mexa.

4. **PARA FAZER ENCHILADAS:** Encha cada tortilha com ⅓ xícara de frango desfiado e 1 a 2 colheres de sopa de molho. Adicione um pouco do feijão preto, opcionalmente. Enrole as tortilhas e arrume-as em uma assadeira de 20cm x 30cm, com o lado da emenda voltado para baixo.

5. Encha a panela com o molho do liquidificador, cobrindo completamente as enchiladas. Polvilhe os queijos por cima. Leve ao forno descoberto por 30 minutos.

Kelly: Esse talvez seja o meu prato favorito de todos os tempos. Seus amigos ficarão extremamente felizes por você dedicar tempo para servir essa receita. (E ela fica ainda mais gostosa no dia seguinte!)

Imagem na página 19 ❖

OS BENEFÍCIOS DAS CONSERVAS

Todos gostaríamos de poder guardar, de alguma forma, o frescor e os sabores das frutas e dos legumes do verão em um recipiente para que pudéssemos degustá-los ao longo do ano. Fazer conservas torna isso possível. Se você nunca fez isso antes, saiba que é como guardar em potinhos os sabores mais frescos dos alimentos do verão para desfrutá-los no meio da secura do inverno. Você pode guardar os tomates do verão para usá-los em seus molhos no inverno. Nós armazenamos os produtos da estação para utilizá-los quando não é a sua época. Percebe a genialidade disso?

As conservas permitem que desfrutemos de sabores exclusivos em determinadas estações durante o ano inteiro, o que é ótimo quando acaba o horário de verão, quando está mais frio e o sol se põe mais cedo – é assim que acontece em Nashville, pelo menos. Acredite em mim, não há nada mais animador do que abrir, em um dia frio de inverno, uma compota de figos que você mesma guardou meses antes e espalhar essa maravilha em uma torrada com uma fatia de queijo brie.

Admito que fazer compotas é um pouco trabalhoso. Ferver os potes, medir os ingredientes,

---

Fazer compotas é armazenar os tomates do verão para usá-los no molho que você preparará no inverno. É armazenar as frutas da estação para utilizá-las ao longo de todo o ano.

---

clareá-los, raspá-los, cortar as partes manchadas ou machucadas, limpar as bordas antes de fechar as tampas, e por aí vai. Pode ser uma tarefa chata e demorada, é verdade. Além disso, normalmente é necessário que você tenha uma quantidade grande do ingrediente que deseja guardar na conserva para que valha a pena o esforço.

Vale destacar também que, se você nunca usou potes de pressão para fazer conservas, existe o perigo real de a tampa abrir um buraco no teto da sua cozinha e atingir um avião que esteja voando mais baixo. Tenho, até hoje, um medo saudável dos meus potes com tampa de pressão, embora, na verdade, não haja muitos motivos para preocupação. Só precisamos praticar o seu uso. Já consegui convencê-la? O lado bom de preparar conservas é que pode ser uma atividade muito divertida se a compartilharmos com amigos ou familiares. E também é terapêutico se fizermos sozinhas.

Enquanto, hoje em dia, muitas de nós preparam conservas pelo puro prazer de poder desfrutar dos sabores do verão, nossos ancestrais o faziam pela necessidade de sustento ao longo dos meses inférteis do inverno. Muitas pessoas ao redor do mundo ainda

conservam seus alimentos dessa maneira por esse motivo. Fazer isso me ajuda a valorizar a minha vida e a entender como muitas pessoas viviam. Aliás, algumas ainda vivem.

Isso me ajuda a valorizar mais a comida que temos hoje e a lembrar que a preservação é uma bênção. Assim que meus sobrinhos e minhas sobrinhas tiverem idade suficiente, dedicarei um dia para ensiná-los a preparar conservas. Depois conto como foi.

As conservas também são ótimos presentes. Os pais da minha amiga Rachel têm uma fazenda na Geórgia, e todo ano eles separam alguns potes com os produtos de suas colheitas para ela me dar. Nunca fico tão feliz quanto quando alguém me presenteia com uma conserva de tomates italianos, molhos, picles, geleia de framboesa ou um pote com legumes sortidos para fazer sopa. Existe presente melhor do que um que seja comestível? E, mais do que isso, um presente no qual alguém tenha dedicado tempo e trabalho para preparar?

Para começar, você pode estudar melhor sobre o assunto. Há muitas maneiras de fazer isso: você pode comprar um livro barato sobre como elaborar conservas e compotas, pesquisar na internet, ler as instruções nas embalagens das conservas, pedir a alguém que saiba fazer para ensiná-la ou ter uma aula sobre esse tema. Apenas certifique-se de que as receitas que escolher usar venham de uma fonte confiável e lembre-se de seguir as instruções corretamente.

As bactérias são uma ameaça real, entretanto não serão um problema se você seguir as etapas certas. Não precisará de muitos utensílios para fazer as conservas, porém algumas peças serão necessárias. Após fazer um investimento mínimo, você terá tudo de que precisará para o longo prazo. Se está se perguntando com qual produto começar, sugiro o tomate. Mas isso não deve ser nenhuma surpresa. ❖

FRANGO ASSADO COM LEGUMES

TEMPO DE PREPARO: 30 minutos | **TEMPO DE COZIMENTO:** 45 minutos a 1 hora | **RENDIMENTO:** 8 porções

Ingredientes:

TEMPERO

Sal e pimenta a gosto

½ colher de chá de cebola em pó

½ colher de chá de alho em pó

½ colher de chá de páprica

1 colher de chá de sálvia picada

10 raminhos frescos de tomilho

5 colheres de sopa de manteiga em temperatura ambiente

CARNE

1 frango assado inteiro ou cortado ao meio

VERDURAS E LEGUMES

5 batatas-bolinhas cortadas ao meio

2 batatas-doces em cubos

4 batatas-inglesas em cubos

1 abóbora pequena em cubos

2 cenouras médias fatiadas

1 xícara de cebola-pérola

8 dentes de alho

4 colheres de sopa de azeite

Sal e pimenta a gosto

MODO DE PREPARO:

1. Pré-aqueça o forno a 180 graus.

2. Faça o tempero com sal e pimenta a gosto, cebola em pó, alho em pó, páprica, sálvia, raminhos de tomilho e manteiga, mexendo bem. Esfregue o frango com a mistura de especiarias e reserve.

3. Misture os vegetais e legumes com azeite, sal e pimenta a gosto. Espalhe-os no fundo de uma assadeira.

4. Coloque o frango em cima dos vegetais e legumes. Leve ao forno por 45 minutos (se o frango estiver ao meio); ou por 1 hora, se o frango estiver inteiro, ou até que esteja completamente cozido e dourado.

Kelly: "O que poderia ser empolgante em um simples frango?", você pergunta. Ao que respondo que um frango inteiro devidamente assado é uma das minhas refeições preferidas até hoje. O sabor de um frango inteiro é completamente diferente do sabor de suas partes separadas, desossadas e sem pele. Experimente essa receita utilizando legumes da estação e você se lembrará de como o frango assado é saboroso.

Salada de Taco da MK (receita na página 28).

Salada Grega com Frango Grelhado (receita na página 29).

SALADA DE TACO DA MK[1]

TEMPO DE PREPARO: 30 minutos | **TEMPO DE COZIMENTO:** 9 a 12 minutos | **RENDIMENTO:** 8 porções

Ingredientes:

CARNE

500g de carne moída

1 colher de sopa de pimenta em pó

1 colher de chá de cominho moído

½ colher de chá de cebola em pó

½ colher de chá de alho em pó

¼ colher de chá de orégano seco

¼ colher de chá de páprica

¼ colher de chá de coentro moído

1 colher de sopa de azeite

Sal e pimenta a gosto

SALADA

1 alface romana, ou folha de alface roxa, picada

1 xícara de tomates picados

1 pepino picado

2 colheres de sopa de cebolinha picada

2 colheres de sopa de coentro picado

1 lata (430g) de feijão preto ou feijão carioca, lavado e escorrido

1 xícara de queijo mexicano ralado

Opcional: 1 pimenta jalapeño em conserva

1 abacate descascado, sem caroço e fatiado

MOLHOS E ACOMPANHAMENTOS

½ xícara de creme de leite azedo (sour cream)

1 xícara de molho

1 saco de chips de tortilha

MODO DE PREPARO:

1. Com as mãos, junte a carne moída com pimenta em pó, o cominho moído, a cebola em pó, o alho em pó, o orégano seco, a páprica e o coentro moído até ficarem bem misturados.

2. Em uma frigideira grande, em fogo médio-alto, aqueça o azeite. Adicione a carne moída e cozinhe, partindo a carne com uma colher de pau. Mexa constantemente por 9 a 12 minutos, enquanto a carne cozinha, até que ela esteja completamente dourada. Mantenha quente.

3. Em uma saladeira grande, adicione alface, tomate, pepino, cebolinha, coentro, feijão, queijo mexicano e pimenta jalapeño em conserva (opcional). Misture.

4. Junte a carne moída à mistura de salada e mexa novamente. Coloque os pedaços de abacate por cima.

5. Em uma tigela pequena, misture o creme de leite azedo (sour cream) com o molho. Depois, jogue-os por cima da salada. Sirva com os chips de tortilha.

---

[1]MK é Mary Katharine, amiga da autora.

❖ *Imagem na página 26*

SALADA GREGA COM FRANGO GRELHADO

TEMPO DE PREPARO: 30 minutos a 1 hora | **TEMPO DE COZIMENTO:** 25 a 30 minutos | **RENDIMENTO:** 6 a 8 porções

Ingredientes:

MARINADA

2 colheres de sopa azeite

1 punhado de orégano fresco (pode ser substituído por orégano seco, se necessário)

Suco de ½ limão

Sal e pimenta a gosto

¼ de xícara de água

FRANGO

2 peitos de frango sem osso e sem pele (peito com osso também funciona muito bem)

MOLHO

4 colheres de sopa de azeite

Suco de 1 limão (adicione mais para ficar mais forte)

2 colheres de sopa de água

Pimenta-do-reino moída na hora a gosto

SALADA

2 alfaces romanas picadas

1 xícara de palmito picado

1 xícara de coração de alcachofra picada

½ xícara de tomate seco picado

½ xícara de queijo feta

Opcional: ½ xícara de pinoli torrado

ACOMPANHAMENTOS OPCIONAIS

Pão sírio quente

Molho Tzatziki

MODO DE PREPARO:

1. Misture todos os ingredientes e os despeje em um saco hermético. Coloque o frango no saco e deixe marinar na geladeira de 30 minutos a 1 hora.

2. Enquanto o frango marina, mexa os ingredientes do molho grego em uma tigela pequena e reserve. Prepare os ingredientes picados para a salada.

3. Acomode a alface em uma saladeira grande e arrume os outros ingredientes da salada por cima.

4. Grelhe os peitos de frango em uma grelha externa por 25 a 30 minutos. Corte o frango em tiras.

5. Misture a salada com o molho grego e sirva com o frango.

6. Opcional: sirva com pão sírio quente e molho tzatziki.

Kelly: Esse prato é muito bom quando preciso de algo saudável, mas não quero sentir que estou comendo comida saudável. O queijo feta, as alcachofras e os tomates secos oferecem uma explosão de sabor. E o frango grelhado, especialmente se você puder grelhá-lo com o osso, transforma a salada em uma refeição satisfatória.

Imagem na página 27 ❖

DIRETO DA HORTA

A maioria de nós vive em ambientes onde imaginamos que a fonte da nossa comida é o mercado, e não o campo. Quando a minha sobrinha Maryn tinha cinco anos, eu a levei ao supermercado para comprar leite.

Peguei a garrafa de leite da prateleira e comentei de maneira informal:

— Dá para acreditar que isso vem da vaca?

(Essas são as minhas tentativas de ensinar as coisas aos meus sobrinhos.)

Ela franziu a sobrancelha e olhou para mim como se eu tivesse acabado de dizer que o leite vem da fada do dente.

— Vacas!? — exclamou ela, fazendo uma careta. — O leite vem do mercado, sua boba!

Além de perder toda a fé no sistema educacional, também me dei conta de que durante grande parte da minha vida, eu havia sido bastante ignorante em relação à origem de grande parte dos produtos que compro e consumo regularmente. No momento em que um cacho de uvas, uma cebola ou um tomate italiano chegava até mim, eles já haviam sido colhidos de uma árvore, arrancados do solo ou retirados de uma videira. E eu não sabia como haviam crescido e, muito menos, onde e como foram cultivados.

Os aspargos crescem em árvores? (Não.)

As batatas têm talos verdes e cheios de folhas acima do solo? (Sim.)

As abóboras crescem de flores cor de laranja que também são comestíveis? (Sim e sim.)

As couves-de-bruxelas são:

a) verduras que crescem sozinhas e são colhidas debaixo do solo, ou

b) são encontradas reunidas em volta do talo da planta que se eleva a sessenta centímetros acima do solo?

(Resposta: letra b.)

Por que elas são chamadas *couve-de-bruxelas*? (Não faço a menor ideia.)

A questão é: Isso realmente importa? Contanto que possamos comprar qualquer fruta, legume ou verdura que desejarmos no mercado, precisamos mesmo saber como ou quando são cultivados e de onde vêm? Acredito que a resposta depende de qual é o seu objetivo quando se trata de comida.

Lembro-me do primeiro ano em que plantei ervilhas em minha horta. Foi durante o inverno rigoroso. Fiquei impressionada com a sua disposição e força para crescer e perfurar o solo, como se o inverno não fosse páreo para os seus brotos robustos.

A arte de plantar e colher alimentos oferece-nos uma metáfora espiritual atrás da outra. Em dois meses, as vinhas lisas já estavam enroscadas em minha treliça junto a suas vagens rechonchudas com delicadas flores brancas nas pontas. Colhi uma cesta cheia delas e as despejei em uma tigela para minhas amigas Belle e Kathy experimentarem. Você pode comê-la inteira ou puxar a pontinha como um fio até o fim para abri-la e comer as vagens individualmente.

Independentemente de como escolha saboreá-las, essas pequenas pérolas verdes são uma maravilha da primavera quando consumidas frescas. Enquanto Kathy colocava as vagens na boca, ela se virou para Belle e perguntou:

— Você planta seus alimentos também?

— Não — respondeu Belle. — Eu os compro no supermercado.

Plantar os meus alimentos me permite estar ao ar livre; é o lugar perfeito para a minha mente passear de um pensamento a outro enquanto observo uma abelha pousando de uma flor de tomate a outra.

É justo. Por causa da sociedade em que vivemos, sempre em ritmo acelerado e que prospera com a conveniência, quantidade, imediatismo e variedade global de produtos, ir ao supermercado é, de longe, a opção mais pragmática e econômica. A horta no quintal dos fundos de casa não atende a nenhuma dessas demandas.

Na verdade, a única coisa rápida oferecida pela horta são as ervas daninhas. Ou a abobrinha que você decidiu deixar na videira por mais um dia e durante a noite se transformou em um taco de beisebol. Contudo, não resolvi começar o meu hobby de cultivar uma horta por conveniência.

Para começar, a arte de cultivar um alimento é uma alegria indescritível para mim. Talvez isso se deva ao meu trabalho, que envolve estudar, ler e escrever. Além disso, exige que eu passe muito tempo sentada dentro de casa, pensando profundamente por longos períodos de tempo. Plantar os meus alimentos me permite estar ao ar livre; é o lugar perfeito para a minha mente passear de um pensamento a outro enquanto observo uma abelha pousando de uma flor de tomate a outra.

Bastante diferente do meu trabalho como escritora – em que é tão difícil medir a eficácia do que estou fazendo e em que a gratificação demora anos para chegar –, posso remover ervas daninhas de um canteiro da horta em trinta minutos e ver o fruto do meu trabalho: um canteiro de terra limpo, cultivando apenas as plantas que quero que cresçam ali.

Percebe como isso tem um efeito positivo em meu desejo de controlar as coisas? (Observação: Nada destruirá mais rápido a sua ilusão de que tem o controle do que as pragas, os pulgões e as alfaces comidas por coelhos selvagens ou a lagarta do tomate.)

Além da natureza catártica de cuidar da minha horta, o cultivo de alimentos tem sido uma fonte de paz para a minha vida. Tenho tendência a me preocupar e a ficar ansiosa se não tomar cuidado. A internet, com sua sequência de más notícias, e o celular, com notificações e distrações constantes, alimentam essa tendência em mim. Quando estou em minha horta, posso deixar tudo isso para trás. E não por pura negação da realidade ou por simples ignorância.

Quando estou cercada pelas plantas, que dão seus frutos no tempo certo, sem nenhuma pressa, vêm à minha memória as palavras de Jesus, que nos exortam a habitarmos nele, assim como os ramos habitam a videira (Jo 15). Então, ao cortar o ramo de uma zínia ou hortênsia, me lembro de sua exortação consoladora em Mateus 6.27-34. Na horta, tenho tempo para me perguntar: Como as suas palavras soariam hoje, se ele estivesse caminhando comigo ao ar livre?

Que bem você pensa que suas preocupações podem trazer? Venha comigo por um momento e observe esta flor. Já a viu girando em desespero para se vestir? Nem mesmo as mais belas e prósperas estrelas de Hollywood são vestidas com a glória desta linda rosa ou desta tulipa, que anuncia a chegada da primavera. Se o seu Pai que está no céu é tão bom para essas flores temporais, que não têm alma, quanto mais ele cuidará de você, ó criatura de pequena fé.

Não dá para ter uma experiência como essa caminhando pelos corredores de um supermercado.

Um dos muitos motivos pelos quais fiz uma horta – além dos lembretes espirituais e momentos terapêuticos que ela oferece – foi pela simples recompensa dos sabores.

Como seriam as palavras de Jesus hoje se ele andasse comigo pelo meu jardim?

Estamos tão acostumadas a conseguir qualquer vegetal ou ingrediente que desejarmos, de onde quisermos e quando quisermos – independentemente de serem ou não produtos da estação –, que nos esquecemos do sabor *fresco* de um ingrediente. Esquecemo-nos de que os alimentos têm estações. Esquecemo-nos até da sensação de *espera* e *expectativa*. Esperar pela estação em que determinadas frutas e vegetais estarão em alta cria expectativa, memórias específicas a épocas do ano e gratidão por ocasiões especiais.

Os restaurantes que oferecem comida da horta para a mesa popularizaram um princípio antigo: os ingredientes da estação são mais saborosos. Este é o meu segredo para jantares e refeições em geral: faça o possível para servir alimentos da estação. É verdade que esses termos estão na moda, mas tente esquecer as tendências por um momento – trata-se de sabor e conveniência.

No outono, experimente preparar o risoto de abóbora com linguiça. No inverno, faça uma sopa de legumes com peru e arroz. Quando as temperaturas mais amenas da primavera chegarem, use legumes como couve-flor, couve-de-bruxelas e brócolis. Você também pode servir uma massa com ervilhas e cenouras glaceadas. Quando o verão chegar, vá atrás de todos os vegetais frescos de sua região e asse-os, cozinhe-os ao vapor, grelhe-os, refogue-os ou coma-os crus. Além disso, não deixe de incluir frutas da estação em suas sobremesas.

Lembro-me de um jantar que ofereci a um grupo de meninas que faziam parte dos eventos da Cultivate. Foquei tanto no que prepararia para o prato principal que me esqueci da sobremesa. Quando voltava para casa depois de comprar os ingredientes no mercado, passei por um vendedor ambulante de pêssegos e comprei uma sacola. Em casa, eu os fatiei, servi em tigelas de sobremesa, os cobri com chantilly caseiro, acrescentei um raminho de hortelã e servi. Foi a coisa mais fácil do mundo e, ainda assim, as minhas amigas ficaram me olhando como se perguntassem *Como você consegue?*. Se eu pudesse levar o menor crédito pela invenção do pé de pêssego, eu o faria. Mas o segredo para o sucesso da sobremesa foi o simples fato de que os pêssegos eram a fruta da estação. Quem diria, não é mesmo?

Devo deixar bem claro que você não precisa ter uma horta para cozinhar utilizando os alimentos da estação. Sou tão dependente do supermercado como qualquer outra pessoa. Mas a maioria de nós pode fazer compras em feiras e procurar alimentos de pequenos produtores locais. Há, ainda, muitos produtores que entregam pedidos com produtos frescos semanais a outras cidades. Ou simplesmente vá ao supermercado e procure as seções de produtos locais ou regionais e preste atenção aos alimentos da estação.

É claro que não consigo adotar esses princípios o tempo todo – eles são mais fáceis de serem implementados em determinados meses do ano. O inverno, obviamente, pode ser uma estação difícil. A menos que você tenha feito conservas durante o verão (consulte a página 58) ou se você mora em Maui, pois nesse caso não precisa de qualquer ajuda para cozinhar, porque a vida é perfeita para você.

Cozinhar de acordo com as estações consiste principalmente em prestar atenção ao mês do ano em que estamos e aos alimentos que crescem nessa época em sua região. Seus convidados de jantar notarão a diferença entre os ingredientes frescos e aqueles que foram importados de Zanzibar. Eles a cobrirão de elogios e você saberá que, na verdade, todo o trabalho pesado se deve às frutas, aos legumes e aos vegetais frescos. Esse é o segredo de combinar o sazonal e o local para criar uma refeição incrivelmente saborosa.

Com o passar dos anos, os alimentos sazonais passaram a ter um significado ainda mais profundo para mim, em parte por causa das estações que eles representam. O autor de Eclesiastes expôs da seguinte maneira: "Para tudo há uma ocasião certa; há um tempo certo para cada propósito debaixo do céu: (...) tempo de plantar e tempo de arrancar o que se plantou" (3.1-2).

Sabemos pelas Escrituras que cada estação é um lembrete eterno da fidelidade de Deus enquanto o nosso mundo existir.

Até as estações difíceis fazem parte do plano de Deus para a nossa vida e podemos encontrar consolo em saber que nenhuma delas dura para sempre. Cada uma nos fala sobre a bondade de Deus para nós, quer os botões da primavera estejam surgindo cheios da promessa de nova vida, quer a glória das folhas de outono estejam caindo no chão em chamas coloridas. Enquanto nosso mundo existir, sabemos pelas Escrituras que cada estação é um lembrete eterno da fidelidade de Deus. "Enquanto durar a terra, plantio e colheita, frio e calor, verão e inverno, dia e noite jamais cessarão" (Gn 8.22).

Quando penso sobre o que quero que meus sobrinhos e minhas sobrinhas se lembrem dos jantares oferecidos a eles em minha casa (além dos cachorros-quentes e das pizzas), chego à conclusão de que desejo que se recordem do cuidado bondoso e dedicado do nosso Criador. É o mesmo que pretendo deixar na memória dos meus amigos e convidados.

Os aspargos de março, os morangos de maio, o alho de junho, as abóboras de outubro e as conservas de tomate de janeiro – cada um deles conta uma história sobre a provisão de Deus pontuada pelo sabor e marcada por uma estação. "Ele fez tudo apropriado ao seu tempo" (Ec 3.11). 🌿

MACARRÃO COM MANJERICÃO E TOMATE-CEREJA

TEMPO DE PREPARO: 15 minutos | **TEMPO DE COZIMENTO:** 30 minutos | **RENDIMENTO:** 4 a 6 porções

Ingredientes:

- 1 pacote de macarrão do tipo Linguine
- Tomates-cerejas (570ml), cortados ao meio (tomates inteiros picados também servem)
- 5 dentes de alho picados
- 6 folhas grandes de manjericão picadas
- 3 colheres de sopa de azeite
- ½ colher de chá de sal
- 1 pote (60g) de azeitonas, drenadas e fatiadas
- 1 xícara de queijo feta picado
- Pimenta moída na hora a gosto

MODO DE PREPARO:

1. As medidas acima são boas, mas sinta-se à vontade para acrescentar ou diminuir as quantidades a gosto. Cozinhe a massa seguindo as instruções da embalagem. (Se estiver se sentindo inspirada, faça a sua própria massa. Tudo de que você vai precisar é de farinha Semolina, ovos e azeite.)

2. Enquanto o macarrão estiver cozinhando, misture os tomates e os próximos três ingredientes. Adicione sal e deixe os tomates absorverem o sal por alguns minutos. Isso realçará o sabor dos tomates. (Os tomates tradicionais também funcionarão muito bem nesta receita.)

3. Escorra o macarrão e o coloque em uma tigela grande. Cubra-o com a mistura dos tomates, azeitonas e queijo feta. Misture bem. Adicione pimenta a gosto.

Kelly: Essa receita é uma de minhas preferidas por ser tão fácil, fresca e saudável!

Frango Grelhado com Limão e Legumes (receita na página 42).

Kebab com Molho de Pepino (receita na página 43).

FRANGO GRELHADO COM LIMÃO E LEGUMES

FRANGO GRELHADO

TEMPO DE PREPARO: 15 minutos (mais, no mínimo, 3 horas para refrigeração) | **TEMPO DE COZIMENTO:** 45 minutos | **RENDIMENTO:** 6 porções

Ingredientes:

6 peitos de frango desossados e sem pele

Suco de 1 limão

1 colher de chá de raspas de limão

1 colher de sopa de mel

2 dentes de alho picados

1 colher de chá de tomilho picado

1 colher de chá de sal

½ colher de chá de pimenta

2 colheres de sopa de azeite de oliva

Raminhos de alecrim para decoração

MODO DE PREPARO:

1. Lave os peitos de frango e seque-os.
2. Em uma tigela média, misture: suco de limão, raspas de limão, mel, alho, tomilho, sal, pimenta e azeite. Adicione os peitos de frango e cubra bem.
3. Forre os peitos de frango e leve-os à geladeira por, pelo menos, 3 horas (e, no máximo, por até 6 horas).
4. Prepare a grelha em fogo médio-alto. Grelhe os peitos de frango por cerca de 5 minutos de cada lado, junto com os legumes (veja a seguir).

LEGUMES GRELHADOS

TEMPO DE PREPARO: 20 minutos | **TEMPO DE COZIMENTO:** 12 minutos | **RENDIMENTO:** 6 porções

Ingredientes:

½ xícara de azeite

1 dente de alho amassado

Sal e pimenta a gosto

2 abobrinhas

2 abóboras

8 batatas

1 vidro de aspargos em conserva

1 berinjela

2 pimentões amarelos

Opcional: tomate-cereja e (ou) 1 tomate grande

Opcional: alecrim a gosto e vinagre balsâmico

MODO DE PREPARO:

1. Em uma tigela pequena, misture o azeite, o alho, o sal e a pimenta. Reserve.
2. **PREPARE OS LEGUMES:** Corte as abobrinhas e as abóboras em tiras. Corte as batatas ao meio. Tire as pontas dos aspargos. Corte as berinjelas em fatias grossas. Corte os pimentões em quatro partes. Se usar tomates-cerejas, deixe-os inteiros. Se usar tomates normais, corte-os ao meio.
3. Pincele os legumes com a mistura do azeite e transfira-os para a panela a fim de grelhar.
4. Junto com o frango (ver o início da receita), grelhe os legumes até dourar por cerca de 6 minutos de cada lado.
5. Transfira-os para uma travessa e salpique vinagre balsâmico.

❖ *Imagem na página 40*

KEBAB COM MOLHO DE PEPINO

MOLHO DE PEPINO

TEMPO DE PREPARO: 10 minutos (mais 2 horas de refrigeração) | **TEMPO DE COZIMENTO:** 0 minuto | **RENDIMENTO:** 4 a 6 porções

Ingredientes:

2 xícaras de iogurte grego

1 pepino grande, descascado, sem sementes e picado

Sal e pimenta a gosto

½ xícara de creme de leite

2 colheres de sopa de suco de limão fresco

2 colheres de sopa de endro fresco e picado

1 dente de alho picado

1 colher de sopa de azeite

1 a 2 pacotes de pão sírio

MODO DE PREPARO:

1. Misture todos os ingredientes, menos o pão sírio, e tempere com sal e pimenta. Cubra e leve à geladeira por, pelo menos, 2 horas.
2. Aqueça os pães sírios no forno e sirva-os com o molho.

KEBAB DE CORDEIRO

TEMPO DE PREPARO: 15 minutos (mais 2 horas de refrigeração) | **TEMPO DE COZIMENTO:** 14 a 16 minutos | **RENDIMENTO:** 4 a 6 porções

MARINADA

2 colheres de sopa de azeite

2 colheres de chá de suco de limão

2 dentes de alho amassados

2 colheres de sopa de salsinha picada

CORDEIRO

1kg do lombo do cordeiro, cortado em cubos

1 cebola grande cortada em fatias

Sal marinho a gosto

Pimenta-do-reino moída na hora a gosto

MODO DE PREPARO:

1. Bata todos os ingredientes da marinada no processador de alimentos até ficar homogêneo.
2. Seque o cordeiro e polvilhe sal e pimenta generosamente sobre ele. Acomode-o em uma tigela, cubra-o com a marinada e misture bem. Em seguida, cubra-o e leve à geladeira por, no máximo, 2 horas.
3. Pré-aqueça a grelha em fogo médio-alto. Retire o cordeiro da geladeira e espete os cubos da carne e os pedaços da cebola alternadamente em espetos de metal. Repita isso até que todos os ingredientes sejam usados. Aplique azeite na grelha e coloque os kebabs. Grelhe cada lado por cerca de 2 minutos e repita, alternando até que a carne esteja cozida (de 7 a 8 minutos no total).

Imagem na página 41

KEBAB DE CARNE

TEMPO DE PREPARO: 15 minutos (mais 2 horas para a refrigeração) | **TEMPO DE COZIMENTO:** 16 minutos | **RENDIMENTO:** 4 a 6 porções

MARINADA

2 ½ colheres de sopa de óleo vegetal

2 colheres de sopa de molho de soja

1 colher de sopa de suco de limão

1 dente de alho grande, picado bem fino

¼ colher de chá de pimenta negra

½ colher de chá de sal

CARNE

500g de lombo, cortado em cubos

1 ½ xícara de cogumelos inteiros

1 cebola grande descascada e cortada em fatias

1 pimentão vermelho cortado em quadrados de 5cm

1 pimentão verde cortado em quadrados de 5cm

1 abóbora cortada em pedaços de 1,5cm

MODO DE PREPARO:

1. Misture todos os ingredientes da marinada em uma tigela de tamanho médio. Em seguida, adicione o lombo e mexa bem para cobri-lo inteiro com a marinada. Cubra-o e deixe-o marinar na geladeira por até 2 horas. Quando a carne terminar de marinar, adicione os legumes à tigela e misture bem.

2. Espete os pedaços de carne, cogumelo, cebola, pimentão verde ou vermelho e de abóbora de forma alternada em um espeto de metal. Repita até que todos os ingredientes tenham sido usados.

3. Pré-aqueça a grelha em fogo médio-alto e grelhe os kebabs por 2 minutos de cada lado, alternando até que a carne esteja bem dourada (16 minutos no total).

❖ *Imagem na página 41*

Macarrão de Tomate com Linguiça e Abobrinha (receita na página 48).

Pimentão Recheado (receita na página 49).

MACARRÃO DE TOMATE COM LINGUIÇA E ABÓBORA

TEMPO DE PREPARO: 15 minutos | **TEMPO DE COZIMENTO:** 30 minutos | **RENDIMENTO:** 6 porções

Ingredientes:

2 abóboras de médias a grandes

2 abobrinhas de médias a grandes

500ml de tomates-cerejas

4 colheres de sopa de azeite

Sal marinho e pimenta moída na hora a gosto

6 linguiças toscanas

1 pacote de macarrão rigatoni (substitua por 1 pacote de quinoa para uma alternativa sem glúten)

Queijo parmesão para finalizar o prato

MODO DE PREPARO:

1. Pique a abóbora e a abobrinha em pedaços pequenos e arrume-as em uma tigela grande. Corte os tomates-cerejas ao meio para um molho mais suculento, ou deixe-os inteiros. Misture os legumes e os tomates com 3 colheres de sopa de azeite, sal e pimenta.

2. Coloque 1 colher de sopa de azeite em uma panela em fogo alto e adicione a linguiça.

3. Depois que a linguiça estiver parcialmente cozida, escorra a gordura e acrescente os legumes à panela. Passe para fogo médio. Tampe a panela com a linguiça e os legumes e deixe-os cozinhar por cerca de 15 minutos.

4. Enquanto a linguiça e os legumes cozinham, ferva a água e cozinhe o macarrão, seguindo as instruções da embalagem.

5. Quando os legumes e a linguiça estiverem cozidos, tire a linguiça e corte cada gomo em pedaços pequenos, colocando-os de volta na panela depois de cortados.

6. Quando o macarrão estiver cozido, escorra-o e acondicione-o em uma tigela grande. Sirva o macarrão em pratos individuais e disponha a linguiça e os legumes (com o molho) sobre o macarrão. Rale o queijo parmesão por cima de cada prato ao servir.

Kelly: Essa é mais uma de minhas receitas favoritas de verão, quando os legumes estão frescos. A linguiça adiciona a quantidade perfeita de sabor, além de encorpar o prato. E se você gosta de sabores um pouco mais picantes, a linguiça toscana é uma ótima opção.

❖ *Imagem na página 46*

PIMENTÃO RECHEADO

TEMPO DE PREPARO: 20 minutos | **TEMPO DE COZIMENTO:** 30 a 45 minutos | **RENDIMENTO:** 6 porções

Ingredientes:
RECHEIO DE CARNE

3 colheres de chá de azeite de oliva

1 cebola média picada

1 dente de alho picado

500g de carne moída

Sal e pimenta a gosto

1 xícara de arroz integral cozido de acordo com as instruções da embalagem

6 pimentões (escolha uma combinação de cores)

Opcional: ½ xícara de queijo muçarela

MOLHO

2 colheres de sopa de manteiga

½ cebola média picada

1 dente de alho picado

3 tomates italianos grandes, sem semente e picados

1 lata de molho de tomate

½ colher de chá de manjericão seco

½ colher de sopa de açúcar

Sal e pimenta a gosto

Opcional: pimenta rosa

MODO DE PREPARO:

1. Aqueça o azeite em uma frigideira grande em fogo médio. Adicione as cebolas e o alho e cozinhe por 3 minutos. Adicione a carne, o sal e a pimenta, misturando bem até que a carne esteja completamente cozida e começando a dourar. Adicione o arroz cozido. Cozinhe na frigideira até que todos os ingredientes estejam bem quentes.

2. Corte a parte de cima dos pimentões. Retire as sementes e os talos, mas guarde a parte de cima cortada. Recheie os pimentões com a mistura de carne moída e arroz e coloque a parte de cima do pimentão novamente, prendendo-a com um palito.

3. **PARA FAZER O MOLHO:** Derreta a manteiga em uma panela funda em fogo médio. Adicione a cebola e o alho e frite-os por 3 minutos. Depois, acrescente os tomates e o molho de tomate e, então, o manjericão, o açúcar, o sal e a pimenta. Adicione água, se necessário.

4. Quando o molho estiver pronto, arrume os pimentões recheados na panela, em pé. Abaixe o fogo e cozinhe por 30 a 45 minutos ou até os pimentões ficarem macios. Se notar que o molho está secando, ponha um pouco de água.

ADAPTAÇÃO

Se quiser incrementar um pouco, adicione um tanto de pimenta rosa no molho! Para uma versão mais encorpada, acrescente ½ xícara de queijo muçarela no recheio de carne e arroz.

Kelly: Certa vez, fiz uma viagem pela Amazônia, onde visitamos uma plantação de pimentão verde. Os moradores da aldeia foram muito gentis e deram vários sacos cheios de pimentão aos cozinheiros do nosso barco. Comemos pimentão verde em todas as refeições! De que maneira, então, eu poderia deixar de compartilhar a versão da Regina desse prato clássico?

Imagem na página 47 ❖

Salada Caprese (receita na página 52).

Pepino e Cebola com Salada de Creme de Leite (receita na página 53).

Sanduíche de Bacon, Alface e Tomate (receita na página 54).

SALADA CAPRESE

TEMPO DE PREPARO: 15 minutos | **TEMPO DE COZIMENTO:** 0 minuto | **RENDIMENTO:** 4 a 6 porções

Ingredientes:

4 tomates (de qualquer tipo)

200g de queijo muçarela fresco (de preferência embalado em água)

Sal marinho e pimenta-do-reino a gosto

8 folhas de manjericão

Azeite de oliva a gosto

Vinagre balsâmico a gosto

MODO DE PREPARO:

1. Corte os tomates e o queijo muçarela.
2. Espalhe as fatias de tomate em uma travessa e polvilhe com sal. Por cima das fatias de tomate, coloque uma camada de muçarela fresca e, em seguida, adicione uma folha de manjericão, repetindo esse padrão até que todos os ingredientes tenham sido usados.
3. Depois de completar as camadas, adicione a pimenta. Em seguida, regue com o azeite e o vinagre balsâmico. Sirva o prato em temperatura ambiente e tente ser criativa na apresentação.
4. Para uma apresentação mais bonita, acrescente um toque de verde no prato ou empilhe rodelas de tomate e muçarela no centro, regadas com azeite e sal.

Kelly: Um dos meus maiores prazeres de verão é me sentar para desfrutar de um prato de salada caprese fresquinha, com tomate e manjericão direto da minha horta.

❖ *Imagem na página 50*

PEPINO E CEBOLA COM SALADA DE CREME DE LEITE

TEMPO DE PREPARO: 1 hora e 20 minutos para refrigeração | **TEMPO DE COZIMENTO:** 0 minuto | **RENDIMENTO:** 4 a 6 porções

Ingredientes:

2 pepinos médios cortados

½ cebola roxa cortada em fatias finas

½ xícara de creme de leite

2 colheres de sopa de endro fresco picado

1 colher de chá de cebolinha picada

½ colher de chá de vinagre branco

Uma pitada de açúcar

Sal e pimenta a gosto

MODO DE PREPARO:

1. Em um recipiente grande, misture os pepinos e as cebolas e polvilhe com sal.
2. Cubra com plástico filme e leve à geladeira por cerca de 1 hora.
3. Escorra e jogue fora o líquido extra dos pepinos e cebolas. Coloque-os em uma tigela para servir.
4. Em uma vasilha pequena, junte o creme de leite, o endro fresco, as cebolinhas, o vinagre branco e o açúcar. Adicione o creme de leite à salada de pepino e mexa bem. Depois de misturar, acrescente sal e pimenta a gosto.
5. Cubra com plástico filme e leve à geladeira por mais 20 minutos.

Regina: Se você não gosta do sabor forte da cebola roxa, pode suavizá-lo deixando as fatias de molho em água fervente por 1 minuto e, logo em seguida, jogando-as em água gelada imediatamente. Isso tira o ardor da cebola roxa.

Imagem na página 51 ❖

SANDUÍCHE DE BACON, ALFACE E TOMATE

TEMPO DE PREPARO: 30 minutos | **TEMPO DE COZIMENTO:** 15 minutos | **RENDIMENTO:** 10 a 12 porções

Ingredientes:

Fatias de pão cortadas em rodelas (tente cortar as fatias do mesmo tamanho dos tomates)

3 colheres de sopa de manteiga derretida

2 pacotes de muçarela fresca, cortada em pedaços pequenos

10 tomates pequenos sem as extremidades, cortados do mesmo tamanho dos pedaços de queijo

1 alface americana grande cortada em rodelas

6 fatias de bacon frito

MODO DE PREPARO:

1. Pré-aqueça o forno a 180 graus.

2. Use um cortador redondo para cortar as fatias de pão e tirar as bordas. Pincele as rodelas de pão com manteiga e leve ao forno por cerca de 8 minutos ou até ficar crocante.

3. Adicione a muçarela às rodelas de pão e, em seguida, arrume os ingredientes em camadas, colocando o tomate, a alface e o bacon, fazendo uma torre. Repita isso até que todos os ingredientes tenham sido usados.

4. Prenda os ingredientes da torre com um palito, se desejar, e arrume-os na travessa. Um prato fácil e colorido!

Kelly: Esses são minissanduíches com a apresentação mais fofa que você já viu. Eles são coloridos e saborosos, e aposto que serão os primeiros aperitivos a acabar em sua reunião. Regina apresentou a mim essa versão e tornou-se o meu aperitivo preferido.

❖ *Imagem na página 51*

TRIFLE DE FRUTAS VERMELHAS

TEMPO DE PREPARO: 20 minutos | **TEMPO DE COZIMENTO:** 20 minutos | **RENDIMENTO:** 6 a 8 porções

Ingredientes:
CREME

1 lata de leite condensado

2 latas de leite integral (use a lata vazia de leite condensado para medir)

4 gemas de ovo

¾ colher de chá de baunilha

2 colheres de sopa de amido de milho

1 lata de creme de leite

CHANTILLY

2 xícaras de chantilly

FRUTAS E BOLO

4 colheres de sopa de açúcar

2 xícaras de morangos

2 xícaras de mirtilos

1 xícara de framboesas

1 xícara de amoras

450g de bolo, cortados em pedaços de 2cm (pode ser bolo feito em casa ou comprado pronto)

Frutas vermelhas e folhas de hortelã para decorar

MODO DE PREPARO:

1. **PARA FAZER O CREME:** Em uma panela de tamanho mediano, misture o leite condensado, o leite, as gemas, a baunilha e o amido de milho. Leve ao fogo médio. Não pare de mexer e cozinhe até o creme engrossar. Despeje o creme em uma tigela e adicione creme de leite. Misture bem e cubra com plástico filme, pressionando-o diretamente sobre a superfície do creme para que não forme uma película. Leve à geladeira para esfriar.

2. **PARA FAZER O CHANTILLY:** Use uma batedeira para bater o chantilly até engrossar. Reserve.

3. **PARA FAZER A CALDA DE FRUTAS VERMELHAS:** Misture o açúcar e todas as frutas vermelhas em um recipiente grande. Para amolecer bem e extrair todo o suco das frutas, deixe a mistura descansar durante 30 minutos.

4. Para montar o Trifle, derrame uma camada de creme primeiro no pote em que for servir. Em seguida, adicione uma camada de bolo, seguida por uma camada da mistura das frutas vermelhas e 3 colheres de sopa do suco de frutas. Por fim, coloque uma camada de chantilly. Repita a etapa anterior. Quando a última camada de chantilly estiver no topo do pote, enfeite com algumas frutas vermelhas e folhas de hortelã. Leve a sobremesa pronta à geladeira por uma hora.

ADAPTAÇÕES

Você também pode fazer essa sobremesa usando pequenas taças individuais, em vez de uma travessa grande. Além disso, pode substituir o bolo comum por biscoitos de champanhe (2 pacotes de biscoito, quebrados em pedaços de 5cm.

CULTIVO DE ERVAS E TEMPEROS

Nada me fez valorizar mais o uso de ingredientes frescos e sazonais para cozinhar do que criar a minha própria horta. Fazer e manter uma horta pode não ser algo viável para você, mas ter um pequeno canteiro de ervas, além de possível, pode ajudar muito em suas receitas. Começarei listando as minhas preferidas: alecrim, sálvia, orégano, salsinha, tomilho, manjericão, coentro e hortelã. Essas são as que sempre planto na primavera, e a maioria delas continua crescendo até o outono. Algumas duram até o inverno.

Talvez a melhor parte de plantar ervas e temperos seja a facilidade de cultivá-los. Acho que não existe nada mais *fácil* do que plantar e cuidar de ervas. Elas costumam ser mais fortes e não são tão temperamentais quanto os legumes e vegetais.

Não é necessário regá-las com tanta frequência nem ficar tomando conta o tempo todo como outras plantas. Elas são bem autossuficientes e exigem pouco envolvimento de nossa parte, o que considero ótimo. Se você não tiver espaço em seu jardim para fazer um canteiro grande de ervas e temperos, pode plantá-los em canteiros menores ou, até mesmo, em vasos e potinhos com um bom solo para plantio. Verifique o rótulo de cada planta para seguir corretamente as instruções sobre a quantidade de exposição ao sol e de água necessária e, então, comece a cultivar as ervas e os temperos que poderá aproveitar o ano inteiro.

O motivo mais óbvio para plantar nossas próprias ervas e temperos é porque o sabor deles é melhor do que o daqueles comprados no mercado. Eu uso ervas frescas para fazer caldos e sopas saborosas.

Há outro motivo maravilhoso para plantar nossas próprias ervas: economizar dinheiro.

Utilizo-as por cima da carne para assar e também para fazer molhos e diversas receitas.

Folhas frescas de manjericão são ótimas para serem utilizadas em saladas caprese, bruschettas e molhos de tomate. O coentro não vai bem com pratos quentes, então eu tento aproveitar o seu sabor para fazer molhos, pico de gallo e pratos mexicanos em climas mais amenos. A hortelã cresce muito e provavelmente tomará bastante espaço em seu canteiro, então lembre-se de apará-la sempre.

Mas não deixe de plantá-la, pois nada melhor do que o sabor refrescante das folhas de hortelã fresquinhas em uma bebida gelada, em um copo de iogurte junto com algumas frutas e mel ou em uma salada de melancia refrescante no verão. Já o alecrim, com o seu toque de pinho, fica absolutamente majestoso em pratos de festa de fim de ano, como peru, frango ou cordeiro assados. Orégano, salsinha e tomilho caem muito bem em sopas, pois são muito saborosos. Graças ao seu equilíbrio perfeito entre o sabor terroso e adocicado, a sálvia combina muito com raviólis de abóbora, receitas que levam peru e molhos que acompanham esses pratos.

Se você ainda não se convenceu, há outro motivo maravilhoso para plantar nossas próprias ervas: economizar dinheiro. Já percebeu como é caro um saco pequeno de manjericão ou coentro? Até as ervas secas custam caro. Quer você use mais ervas frescas ou secas, plantá-las é sempre mais econômico. (Há várias maneiras fáceis de secar ervas. Depois de as colher, pesquise sobre como secá-las e escolha o processo que mais lhe agradar.)

O jeito que mais gosto de incorporar ervas frescas em minhas receitas é quando faço azeite para molhar o pão. Misturo as ervas frescas e picadas da minha horta com azeite de oliva de qualidade e adiciono sal marinho moído e pimenta por cima. Quando estou animada, ainda acrescento alho picado. Minhas ervas favoritas para fazer isso são alecrim, orégano, tomilho, sálvia, salsinha e manjericão. Sirva esse molho de azeite com um pão quentinho e você terá uma opção maravilhosa de acompanhamento que combina com qualquer receita em sua mesa.

Bem, aí estão todos os meus motivos preferidos para plantar minhas próprias ervas. E nem mencionei quão impressionados seus convidados ficarão quando souberem que você cozinhou usando as ervas e os temperos da sua própria horta. Só não conte a eles como é fácil fazer isso. ❖

O
TOMATE

Em minha viagem mais recente à Amazônia, perguntei a duas das minhas cozinheiras brasileiras preferidas qual era o ingrediente principal da cozinha para elas.

Vilma respondeu sem pestanejar:

— Cebola.

Já a Rosa pensou um pouco mais, desviando o olhar por um segundo, mas também acabou respondendo:

— Cebola.

Eu entendo. É realmente difícil fazer qualquer coisa sem cebola, mas, além da cebola, outros ingredientes como cenoura, aipo ou alho podem ser indispensáveis, pois ajudam a formar a base de muitas receitas. E o que faríamos sem alimentos básicos como a batata, o arroz e o feijão? Contudo, vamos realmente parar para pensar sobre outro ingrediente – onde estaríamos como espécie sem o tomate? Molho de tomate? Não existiria. Pico de gallo? Já era. Espaguete? Pode esquecer. Salada Caprese? Acabou. Batata frita com ketchup? Nunca mais. Pizza? Não consigo sequer imaginar tamanho desespero.

Meu pai foi a primeira pessoa a despertar em mim o amor pelo tomate. Ele tinha uma horta bem grande em nosso quintal, porém ela estava muito mal cuidada. Nem acreditei

Onde estaríamos como espécie sem o tomate?

quando ele conseguiu passar despercebido pela minha mãe com um saco enorme de esterco e ervas daninhas.

No entanto, por incrível que pareça, meu pai conseguiu plantar e colher uma grande quantidade de tomates mesmo naquelas condições. Talvez tenha sido por isso que ele conseguiu escapar de uma bronca da minha mãe.

— Kelly, olhe só para esta beleza! — meu pai disse a mim, segurando um tomate enorme na mão. — Este tomate deve pesar um quilo!

Logo em seguida, ele correu para a pia da cozinha para devorá-lo, sem usar qualquer utensílio.

Quando os tomates do meu pai faziam parte do jantar, nós os consumíamos apenas com sal e pimenta. Nada chique. Não me lembro de adicionarmos manjericão, muçarela fresca ou sequer azeite aos nossos tomates. É difícil imaginar como, um dia, consegui viver sem salada Caprese.

Meu avô materno compartilhava desse amor pelo tomate. Era uma grande emoção quando chegávamos à casa dos meus avós, no sul da Flórida, após vinte e duas horas insuportáveis de viagem na estrada com meus irmãos dentro do carro. A entrada da casa era decorada por palmeiras altas, e a estrada, cheia de cascalhos que rangiam sob as rodas do nosso carro. Era pura magia quando chegávamos lá. O vovô tinha toranjas tão grandes que, às vezes, os galhos se partiam por causa do peso. Eu era muito jovem para reconhecer o valor dos seus pés de limão completamente lotados. Ah, como eu teria aproveitado aqueles limões hoje!

As palmeiras do seu quintal estavam sempre cheias de cocos, e quando ventava forte, eles caíam com força no gramado. Meu avô gostava de cada fruta e planta de seu jardim. No entanto, para encontrar sua verdadeira paixão, era necessário ir com ele até a horta, onde plantava os seus queridos tomates.

De vez em quando, eu me sentava ao lado do meu avô no jardim, enquanto ele regava os tomates com a mangueira. Meu avô era um regador incansável, aguava toda a plantação, indo e voltando, nunca com pressa. Não sei como posso ser sua neta! Lembro-me de que ele preferia usar um bico fino na ponta da mangueira, que fazia com que a água saísse mais pulverizada e uniforme para regar sua amada plantação.

O problema era que ele tinha outra amada em sua vida: a mulher com quem se casou.

— Você sabe que a sua avó continua tentando me convencer a viajar para a Europa — dizia ele. — Mas prefiro ficar aqui e cuidar dos meus tomates.

Eu era jovem demais para compreender o tamanho do abismo entre uma viagem à Europa e cuidar de uma plantação de tomates. Se fosse hoje, eu o aconselharia a fazer a viagem, afinal os tomates continuariam no mesmo lugar quando ele voltasse. É claro que sei que essa não era a questão para o meu avô. Ele estava perfeitamente feliz e satisfeito em viver uma rotina diária e desfrutar das alegrias simples de plantar, cuidar e passear por suas plantações.

Embora não me lembre de ver meu avô ou minha avó cozinharem com os tomates da plantação, eles gostavam de cortá-los, colocar sal e comê-los, assim como meu pai. Acredito que o meu amor pela plantação e o consumo de tomates estão intimamente ligados a essas memórias de infância na casa deles. É muito raro não ter tomates em minhas refeições diárias.

O tomate continuou a me seguir. Ou melhor, continuei seguindo o tomate ao redor do mundo. Minha mãe levou-me à Itália, quando eu estava no primeiro ano do ensino médio, para a minha primeira viagem missionária. (Se você tem interesse em missões, recomendo a Itália. Embora possa acabar em um barco na Amazônia. Vá, portanto, sabendo que Deus nos conduz para onde ele deseja.)

Foi a primeira viagem que fiz para o exterior, e minha mãe queria muito que eu a fizesse. Até hoje sou grata a ela por isso. Nossos queridos amigos, Sam e Joan Fiore, haviam se mudado de Nova Jersey para plantar uma igreja em Milão, e um grupo de nossa igreja foi para lá ajudar na divulgação. A jovem congregação dos Fiore tinha poucos anos e por volta de trinta membros. (Atualmente a igreja é uma congregação multicultural de mais de quatrocentos membros.)

Quando visitamos para ajudar, distribuíamos folhetos de convite aos cultos às pessoas nas ruas e nos mercados e cantávamos louvores nas praças. Sam tocava seu pandeiro para chamar a atenção das pessoas antes de começar a pregar na rua. Poucas pessoas podem tocar um pandeiro e pregar uma mensagem sobre Jesus para estranhos no meio da rua, mas Sam era e ainda é uma delas.

A igreja de Punto Lode era muito animada e recebeu-nos com seus braços italianos abertos, oferecendo-nos muita massa e, é claro, todas as versões de molho de tomate: à bolonhesa, a la vodka, pomodoro, arrabbiata.

A igreja de Punto Lode era muito animada e recebeu-nos com seus braços italianos abertos, oferecendo-nos muita massa e, é claro, todas as versões de molho de tomate: à bolonhesa, a la vodka, pomodoro, arrabbiata. Fazíamos todas as refeições no pequeno hall de entrada da igreja, e, apesar de isso já ter mais de vinte e cinco anos, a lembrança daquele aposento é tão clara como se eu tivesse estado lá ontem.

A força dessa memória foi, sem dúvida, reforçada pelas refeições que fizemos ali. Em todas as reuniões, era servido pão e queijo parmesão ralado na hora, e garrafas de azeite de oliva estavam sempre à mão. Foi ali que comi rigatone com molho a la vodka pela primeira vez. Até hoje acredito que nunca tenha experimentado algo parecido.

Parte do extraordinário daquela viagem se deve ao sabor dos ingredientes italianos. Em uma visita muitos anos depois, eu estava na cozinha de Joan Fiore enquanto ela preparava o jantar para mim e para três dos meus amigos mais próximos.

— Sabe, o meu molho não fica tão gostoso em Nova Jersey quanto aqui em Milão. É por causa da carne de porco.

Ela deu mais uma mexida na massa que estava cozinhando na panela e olhou para mim por cima do ombro:

— O problema é que os porcos dos Estados Unidos não são italianos.

É um argumento realmente muito válido: que tipo de sabor podemos esperar de um porco que não fala italiano?

A comida, em geral, simplesmente tem um sabor melhor na Itália. Embora eu acredite que muito disso está ligado ao solo rico daquele país, bem como às receitas e às técnicas culinárias passadas de geração a geração, muito do sabor de uma refeição está relacionado às personalidades e conversas que temos ao redor da mesa em que estamos comendo.

Sam e Joan podem nos fazer rir até chorar, mas também são capazes de nos emocionar e ir às lágrimas ao falarem sobre a bondade do Senhor. As histórias sobre o que

As histórias sobre o que Jesus está fazendo na Itália e na vida das pessoas às quais eles ministram são capazes de nos deixar à mesa conversando até depois da meia-noite.

Jesus está fazendo na Itália e na vida das pessoas às quais eles ministram são capazes de nos deixar à mesa conversando até depois da meia-noite. Eles têm servido, por mais de quarenta anos, em uma cultura que já foi estranha aos dois, e precisaram sacrificar a estabilidade e o conforto do lar quando se mudaram para aquele país.

Nunca saio de uma refeição com Sam e Joan sem me sentir nutrida no corpo e revigorada no espírito. Se ao menos eu pudesse ter essas conversas sobre Jesus regularmente com um tiramisu caseiro... Mas acho que no céu será assim.

Nashville está muito longe da Itália quando se trata de culinária italiana, porém estamos fazendo o melhor que podemos. Meu irmão David usa tomates San Marzano em seu molho de pizza, uma abordagem tipicamente italiana para fazer uma boa pizza. E é tão simples! Também temos uma receita de massa de pizza que você vai adorar.

Regina estudou um tempo na Itália, então ela trará seus conhecimentos e suas especialidades para a mesa também. E, é claro, ao longo deste livro, celebrarei o tomate em suas mais variadas formas: cereja, italiano, plantado em videira, relíquias de família, o que você imaginar. Isso porque, na verdade, o tomate simplesmente me deixa feliz. Ele é um símbolo do verão nos Estados Unidos, marca registrada da culinária italiana e me lembra do meu pai e do meu avô. Além de ser uma delícia. *Buon appetito.* 🎇

Bolinhos de Arroz "Arancini" (receita na página 70).

Salada Panzanella (receita na página 71).

BOLINHOS DE ARROZ "ARANCINI"

TEMPO DE PREPARO: 10 minutos | **TEMPO DE COZIMENTO:** 35 minutos | **RENDIMENTO:** 10

Ingredientes:

¼ xícara de manteiga

2 cebolas médias picadas bem finas

2 dentes de alho picados bem finos

3 xícaras de arroz arbóreo

7 xícaras de caldo de galinha quente

1 xícara de queijo parmesão ralado bem fino

2 ovos médios batidos para misturar ao arroz

½ xícara de farinha de rosca

RECHEIO

1 ½ xícara de queijo fontina ou muçarela, cortado em cubinhos

EMPANADO

4 ovos médios, levemente batidos, com uma pitada de sal para empanar

4 ½ xícaras de farinha de rosca

3 xícaras de óleo vegetal para fritar

MOLHO VERDE

3 colheres de sopa de azeite

1 colher de chá de raspas de limão

1 colher de sopa de alcaparras escorridas e picadas

½ xícara de folhas de salsinhas picadas

2 folhas de hortelã picadas

Sal e pimenta a gosto

MODO DE PREPARO:

1. Em uma panela, derreta a manteiga e refogue as cebolas e o alho em fogo médio até ficarem macios, o que deve ocorrer em cerca de 5 minutos.

2. Adicione o arroz arbóreo e mexa até tostar levemente. Cozinhe por 3 minutos. Comece a acrescentar, lentamente, o caldo de galinha em ½ xícara, misturando até que cada porção seja absorvida pelo arroz para, então, adicionar mais porções do caldo. Cozinhe até o arroz ficar *al dente*.

3. Retire a panela do fogo e acrescente queijo parmesão, 2 ovos médios e ½ xícara de farinha de rosca. Deixe descansar.

4. **PARA FAZER OS BOLINHOS:** Espalhe uma camada fina de arroz na palma da mão e coloque um cubo de queijo no centro. Feche o arroz em volta do queijo, formando uma bolinha. Acomode os bolinhos de arroz em uma assadeira forrada com papel manteiga. Mergulhe cada bolinho nos ovos batidos e passe na farinha de rosca.

5. Aqueça o óleo vegetal em uma frigideira funda e mergulhe os bolinhos de arroz, um de cada vez, cozinhando-os até ficarem ligeiramente dourados. Sirva-os quentes, com um acompanhamento de molho caseiro marinara ou verde.

6. **PARA FAZER O MOLHO VERDE:** Junte todos os ingredientes em uma tigela e misture bem.

Regina: "Arancini" são bolinhos de arroz da Sicília, onde são mais comumente servidos como aperitivos. Eles podem ser feitos com muitos recheios diferentes, como queijo, molho de carne, ervilhas, cogumelos salteados, presunto de parma, azeitonas e muitos outros.

❖ *Imagem na página*

O TOMATE

SALADA PANZANELLA

TEMPO DE PREPARO: 10 minutos (mais 30 minutos para refrigeração) | **TEMPO DE COZIMENTO:** 5 a 7 minutos | **RENDIMENTO:** 4 a 6 porções

Ingredientes:

1 pão italiano crocante cortado em cubos (2 ½ xícaras)

3 colheres de sopa de azeite

4 tomates médios frescos, cortados em cubinhos de 2cm

1 pepino descascado, sem sementes, cortado em cubos

½ xícara de cebola roxa cortada em cubos

1 pimentão vermelho pequeno cortado em cubos

10 folhas frescas de manjericão picadas

2 colheres de sopa de alcaparras escorridas

Vinagrete de sua preferência

1 colher de chá de sal, ou mais, se achar necessário

Pimenta-do-reino a gosto

MODO DE PREPARO:

1. Pré-aqueça o forno a 180 graus. Molhe o pão no azeite de oliva, coloque na assadeira e leve ao forno de 5 a 7 minutos, até ficar torrado e crocante para fazer croutons. Reserve.

2. Em uma tigela grande, misture tomates, pepinos, cebola roxa, pimentão vermelho, folhas de manjericão e alcaparras. Adicione o vinagrete, o sal e a pimenta e revolva-os. Deixe a salada descansar por, pelo menos, 30 minutos para que os sabores se misturem.

3. Acrescente os croutons antes de servir.

Imagem na página 69 ❖

SALMÃO COM PESTO E TOMATE

TEMPO DE PREPARO: 15 minutos | **TEMPO DE COZIMENTO:** 20 minutos | **RENDIMENTO:** 6 porções

Ingredientes:

3 xícaras de espinafre fresco e lavado

4 colheres de sopa de pesto, comprado ou caseiro

6 filés de salmão sem pele

500g de tomates-cerejas cortados ao meio

2 dentes de alho picados

1 colher de chá de sal

1 colher de chá de pimenta

Vinagre balsâmico a gosto

2 colheres de sopa de azeite

1 colher de sopa de manjericão fresco picado

Opcional: você pode substituir o espinafre por abobrinha, couve ou vagem.

MODO DE PREPARO:

1. Pré-aqueça o forno a 190 graus.
2. Coloque o espinafre em uma caçarola e polvilhe um pouco de sal e pimenta.
3. Espalhe o molho pesto nos filés de salmão. Arrume-os em cima do espinafre.
4. Em uma tigela, misture as metades de tomate com alho, sal, pimenta e vinagre balsâmico e arrume-os em volta do salmão.
5. Regue tudo com azeite e leve ao forno por cerca de 20 minutos até que o ponto do salmão esteja do seu agrado. Retire do forno e salpique manjericão fresco.

Kelly: Gosto dessa receita porque é uma maneira diferente de servir salmão. O pesto e os tomates frescos no verão dão uma cara nova ao salmão. Sirva com arroz e alguns legumes e você terá uma refeição completa, saudável e fácil.

Nhoque com Molho de Tomate (receita na página 76).

Risoto de Linguiça e Abóbora (receita na página 77).

NHOQUE COM MOLHO DE TOMATE

TEMPO DE PREPARO: 50 minutos | **TEMPO DE COZIMENTO:** 45 minutos | **RENDIMENTO:** 4 a 6 porções

NHOQUE

3 batatas grandes

1 ovo

Sal a gosto

2 xícaras de farinha de trigo

MOLHO DE TOMATE

2 colheres de sopa de azeite

2 dentes de alho picados

1 cebola pequena picada

2 talos de aipo bem picados

2 cenouras descascadas e picadas bem finas

2 latas de extrato de tomate (900g cada)

Sal e pimenta a gosto

3 folhas de manjericão picadas

½ colher de chá de açúcar

MODO DE PREPARO:

1. Cozinhe as batatas na água até ficarem macias. Escorra bem a água e passe as batatas ainda quentes por um espremedor. Arrume as batatas em uma tigela grande e adicione o ovo. Coloque sal e acrescente aos poucos a farinha, misturando com as mãos para dar o ponto da massa. A massa deve ficar homogênea e elástica.

2. Divida a massa em 4 pedaços ou mais. Molde cada pedaço para formar rolinhos longos de cerca de 1cm de diâmetro. Corte nhoques de 2cm a unidade. Polvilhe uma assadeira com farinha, ajeite os nhoques nela e deixe-os descansar.

3. Use uma panela grande para ferver água com 1 colher de chá de sal. Vá colocando pequenas porções de nhoque na água fervente, cozinhando-os até que flutuem. Retire-os da água imediatamente com uma escumadeira para escorrer a água.

4. Sirva com o molho de tomate abaixo ou com manteiga dourada e queijo parmesão.

5. **PARA FAZER O MOLHO DE TOMATE:** Aqueça o azeite de oliva em uma panela e adicione alho, cebola, aipo e cenouras. Depois refogue por alguns minutos. Então acrescente os tomates, o sal, a pimenta, o manjericão e o açúcar. Cozinhe por, aproximadamente, 45 minutos, até reduzir um pouco e engrossar. (Você pode deixar o molho com pedaços ou bater para que fique homogêneo.)

❖ *Imagem na página 74*

RISOTO DE LINGUIÇA E ABÓBORA

TEMPO DE PREPARO: 20 minutos | **TEMPO DE COZIMENTO:** 30 minutos | **RENDIMENTO:** 6 a 8 porções

Ingredientes:

1 abóbora grande, sem sementes e cortada em cubos (cerca de 4 xícaras)

1 colher de sopa de azeite

Sal e pimenta a gosto

450g de linguiça moída sem pele

1 cebola cortada em cubos

2 colheres de sopa de manteiga

450g de arroz arbóreo

5 xícaras de caldo de galinha

½ xícara de queijo parmesão ralado

MODO DE PREPARO:

1. Pré-aqueça o forno a 220 graus. Em uma tigela, misture os cubos de abóbora com azeite, sal e pimenta. Coloque na assadeira e asse por 20 a 25 minutos, até que as bordas estejam levemente douradas.

2. Enquanto a abóbora cozinha, doure a linguiça em uma panela, partindo a carne com uma colher de pau. Escorra a maior parte da gordura, deixando uma pequena quantidade para dar sabor, e reserve.

3. Em uma panela grande, refogue a cebola com manteiga em fogo médio por 3 minutos. Adicione o arroz e mexa até ficar bem revestido, por cerca de 2 minutos. Acrescente 1 xícara de caldo e revolva constantemente até que ele seja absorvido. Faça isso a cada xícara e espere que o caldo seja completamente absorvido antes de incluir a próxima. Após 5 xícaras, se achar que ainda pode colocar mais líquido, adicione ½ xícara de água (ou caldo) de cada vez, até que o arroz esteja cremoso e a textura do seu agrado.

4. Quando o arroz estiver cozido, junte-o com a abóbora, a linguiça e o queijo parmesão, misturando delicadamente para que a abóbora não desmanche.

5. Sal e pimenta a gosto. Sirva com legumes verdes, como aspargos ou couve-de-bruxelas.

Kelly: Comi esse prato pela primeira vez na Itália, na casa da minha amiga Nina. Ela o preparou em menos de trinta minutos e nunca me esqueci. Amo servi-lo, especialmente no outono ou no inverno, quando tudo o que queremos é um prato quentinho e gostoso.

Imagem na página 75

ESPAGUETE À BOLONHESA

TEMPO DE PREPARO: 20 minutos | **TEMPO DE COZIMENTO:** 55 minutos | **RENDIMENTO:** 4 a 6 porções

Ingredientes:

3 colheres de sopa de azeite

2 dentes de alho picados

1 cebola grande picada

2 cenouras médias, descascadas e picadas

600g de carne moída

½ xícara de creme de leite fresco

1kg de tomate descascado, sem semente e picado (você também pode usar 2 latas de 500g de tomates inteiros)

1 colher de sopa de extrato de tomate

Sal e pimenta a gosto

1 ½ xícara de água

500g de espaguete

½ xícara de cebolinha picada

½ xícara de salsinha picada

Opcional: queijo parmesão

MODO DE PREPARO:

1. Aqueça o azeite em uma panela. Adicione o alho picado, as cebolas e as cenouras. Refogue até ficar macio, mas não marrom, mexendo regularmente. Acrescente a carne moída e continue cozinhando, quebrando os pedaços maiores da carne com uma colher de pau. Refogue até a carne ficar totalmente cozida.

2. Despeje o creme de leite na panela e cozinhe lentamente até o líquido evaporar, o que deve ocorrer em cerca de 6 minutos. Junte os tomates, a extrato de tomate, o sal, a pimenta e a água. Cozinhe até o molho engrossar, mexendo de vez em quando (por aproximadamente 40 minutos).

3. Cozinhe o macarrão em água e sal até ficar *al dente*, seguindo as instruções da embalagem. Escorra o macarrão e sirva com o molho à bolonhesa. Jogue a salsa e a cebolinha por cima. Adicione queijo parmesão, se desejar.

Regina: Existem poucas coisas mais reconfortantes do que uma fatia de pão crocante e uma tigela de macarrão à bolonhesa. O sabor rico da carne debaixo de uma montanha de queijo parmesão ralado lembra a minha infância.

Tiramisu (receita na página 82).

Panna Cotta de Frutas Vermelhas (receita na página 83).

TIRAMISU

TEMPO DE PREPARO: 30 minutos | **TEMPO DE COZIMENTO:** 10 minutos | **RENDIMENTO:** 6 a 8 porções

Ingredientes:

5 ovos, com as claras e as gemas separadas

¾ xícara de açúcar

1 xícara de queijo mascarpone

1 xícara de creme de leite fresco

Uma pitada de sal

1 ½ xícara de café coado

2 pacotes de biscoito champanhe

Chocolate em pó para decorar

MODO DE PREPARO:

1. **PARA FAZER A CALDA:** Misture as gemas dos ovos ao açúcar em banho-maria. Em fogo baixo, continue mexendo e cozinhando por 10 minutos. Retire do fogo e continue revolvendo a mistura de gemas até ficar cremosa e de cor clara. Deixe descansar por 5 minutos. Em seguida, adicione devagar o queijo mascarpone a tudo e bata até incorporá-lo bem. Reserve.

2. **PARA FAZER O CHANTILLY:** Use uma batedeira para bater o creme de leite até engrossar. Em seguida, acrescente, delicadamente, o chantilly e o sal à calda do tiramisu. Reserve.

3. Faça uma camada de biscoitos champanhe na parte inferior de uma travessa. Usando um pincel, pincele um pouco de café em cada biscoito. Em seguida, adicione uma camada de creme por cima. Repita esse processo três vezes. A última camada deve ser de creme. Polvilhe com chocolate em pó e leve à geladeira.

❖ *Imagem na página 80*

PANNA COTTA DE FRUTAS VERMELHAS

TEMPO DE PREPARO: 15 minutos (mais 5 horas para refrigerar) | **TEMPO DE COZIMENTO:** 10 minutos | **RENDIMENTO:** 6 porções

Ingredientes:

1 xícara de leite integral

1 pacote de gelatina sem sabor

3 xícaras de chantilly

¼ xícara de mel

1 ½ colher de sopa de açúcar

Uma pitada de sal

3 xícaras de morangos lavados e cortados em terços

2 colheres de sopa de açúcar

MODO DE PREPARO:

1. Despeje o leite em uma panela. Polvilhe a gelatina por cima e deixe descansar por 6 minutos. Aqueça a panela em fogo médio até a gelatina dissolver, mas não ferva o leite. Este processo deve levar por volta de 4 a 5 minutos.

2. Adicione o creme de leite fresco, o mel, o açúcar e o sal e mexa até dissolver o açúcar.

3. Retire do fogo e divida o creme em 6 taças de sobremesa. Cubra com plástico filme e leve à geladeira até firmar, o que deve demorar cerca de 5 horas.

4. Em uma tigela média, misture os morangos com 2 colheres de sopa de açúcar e reserve.

5. Quando estiver pronto para servir, coloque 2 colheres de sopa de morangos em cima de cada taça.

Imagem na página 81 ❖

A NOVA FESTA
AMERICANA

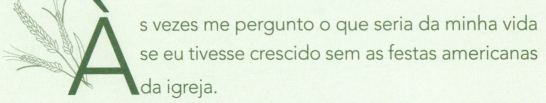

Às vezes me pergunto o que seria da minha vida se eu tivesse crescido sem as festas americanas da igreja.

É difícil imaginar uma infância sem reuniões de confraternização, decoradas com iluminação fluorescente e mesas dobráveis cheias de travessas cafonas de comida e sanduíches, onde a única coisa verde no prato das pessoas era a gelatina. (Se você não cresceu na igreja ou em uma cultura de igreja como essa, não se preocupe: provavelmente, comeu menos creme de cogumelo do que eu.) Aquelas reuniões eram um bufê de carboidratos e frituras para se servir à vontade. E como eu amava aquilo!

Embora eu acredite hoje que é possível incorporarmos hábitos de alimentação mais saudáveis – ou, pelo menos, estarmos mais conscientes quando comemos algo que não faz bem à saúde –, me sinto nostálgica ao lembrar dos dias em que os grupos de estudo bíblico incluíam o consumo de alimentos com glúten, xarope de milho ou gordura hidrogenada.

Tenho memórias maravilhosas de reuniões com os membros da igreja em torno das refeições para celebrar ocasiões especiais. Nossas conferências missionárias anuais eram um grande evento. Muitos missionários chegavam de suas viagens ao redor do mundo para contar sobre tudo o que o Senhor estava fazendo nos países e nas culturas em que eles estavam vivendo.

Em algumas ocasiões, eles nos ofereciam uma amostra literal dos países onde estavam morando. Como na vez em que um missionário chegado de uma selva de algum lugar do mundo que não consigo me lembrar passou pelos membros da igreja um prato cheio de minhocas tostadas. Verdade. Aparentemente, minhocas são muito ricas em proteína. Pensando bem hoje, acho que aquilo ia contra as recomendações da Anvisa.

A comida foi uma parte muito importante da minha experiência na igreja, quer fossem as sobremesas servidas após a pregação de algum pastor convidado no culto da manhã de domingo, quer fosse o brunch de Natal das mulheres, ou a semana da pizza antes das apresentações anuais das cantatas de Páscoa (o fato de eu ter crescido usando a palavra cantata em meu vocabulário normal explica muito sobre a minha infância).

O hábito do povo de Deus de se reunir ao redor das refeições é tão antigo quanto as histórias do Antigo e do Novo Testamento. Os festivais judaicos anuais incluíam atos de adoração e refeições com os melhores cortes de carne.

Quando lemos os Evangelhos, vemos Jesus comendo com todos, desde os líderes religiosos até grandes pecadores, com os saudáveis e com os leprosos. Em Atos, lemos sobre os membros da Igreja Primitiva, que oravam e aprendiam juntos em suas casas, enquanto partiam o pão.

Muitas dessas mulheres estavam enfrentando provações e dificuldades indescritíveis. (...) A única razão pela qual elas foram capazes de amar tão bem e ainda aparecerem nas confraternizações com uma lasanha caseira era porque estavam profundamente enraizadas em Cristo.

As formas e comidas evoluíram com o passar do tempo, porém as reuniões e as refeições compartilhadas permaneceram iguais. Podemos ter ido de bezerros cevados no Antigo Testamento a mariscos no início da Nova Aliança, do frango e bolos de pote dos anos 1980 às tábuas de queijo com chutney e presunto de parma de hoje. Mas é a comunhão do povo de Deus que sempre será o mais importante.

Embora a igreja em que cresci tivesse gente legalista e hipócrita, como qualquer outra, algumas das melhores pessoas que já conheci cuidaram de mim naqueles salões de confraternização, ao redor das mesas e, às vezes, nas cozinhas de suas próprias casas: Linda Mitchell, Mary Wolfe, Michelle Smith, Suzie Linebaugh, Sherry Meddings, Cheryl Hurley e minha mãe. Elas não se comparam a mais ninguém para mim.

Não entendia isso na época, mas muitas dessas mulheres estavam enfrentando provações e dificuldades indescritíveis. (Algumas continuaram sofrendo desde então. No entanto, permanecem fiéis ao Senhor até hoje.) A única razão pela qual elas foram capazes de amar tão bem e ainda aparecerem nas confraternizações com uma lasanha caseira era porque estavam profundamente enraizadas em Cristo.

Quando relembro esses momentos, percebo que, embora eu fosse muito bem alimentada em suas mesas e nas festas da igreja, foi o alimento espiritual que recebi delas que me fortaleceu durante décadas.

Ao lembrar dessas reuniões da igreja e das refeições que fazíamos juntos, não sinto como se a minha infância tenha perdido algo por não ter coisas como tábuas de charcutaria com queijos suíços e compotas de figo. Não fico triste porque as mesas não eram feitas de madeira reciclada ou porque a iluminação era com luzes fluorescentes, e não com lâmpadas de Edison penduradas. Não me recordo se tínhamos arranjos de flores em vasos vintage.

Sou apaixonada por ingredientes únicos e lindas travessas para servir, pois isso tudo ajuda a fazer apresentações convidativas dos pratos. E sei que muitas das mães da igreja também se importavam com essas coisas. Só não me lembro dessas apresentações serem tão relevantes quanto parecem ser atualmente.

De certa forma, a era das mídias sociais estimula a glamourização das nossas receitas e da nossa hospitalidade. Mas também nos faz reféns de padrões inalcançáveis.

(Temos que reconhecer que o padrão estava bastante baixo nos tempos dos pratos de isopor e dos frangos assados.)

Contudo, quem consegue ter uma casa de revista, uma tábua de queijos com madeira reciclada, arranjos de flores frescas, tábuas de aperitivos de mármore e menus de comida saudável e caseira sempre que quisermos organizar uma reunião? Se sentirmos que precisamos produzir refeições, louça e talheres dignos de revista para receber visitas e proporcionar reuniões, então teremos de fazer uma escolha. Ou entraremos para o grupo dos materialistas, onde só a perfeição importa, ou faremos parte do grupo daqueles que não recebem ninguém porque se sentem desqualificados para realizar algo assim.

A nossa sofisticação alimentar pode acabar sendo prejudicial se nos tirar do foco certo, que deve ser as pessoas e aquilo que Jesus deseja fazer em nosso meio e ao redor da mesa.

Quando penso sobre o que foi realmente importante para a minha formação espiritual durante todos os anos da minha vida na igreja, vejo, é claro, que não foram os bolinhos de queijo gruyère. Foram as pessoas que me amaram com a paciência e o cuidado de Cristo – e, muitas vezes, por meio de refeições.

No livro de Deuteronômio, Deus mandou que o povo de Israel ensinasse os seus filhos sobre os seus caminhos quando eles acordassem e fossem dormir e ao longo de todo o dia. Acredito que enquanto eles plantavam também. E quando cozinhavam e serviam as refeições. Era exatamente isso que acontecia durante aquelas festas e reuniões da igreja.

Adoro uma mesa lindamente posta e arrumada e uma refeição cuidadosamente elaborada. Valorizo, até os ossos, uma cozinha e uma casa limpas. Uma xícara de café com creme sempre terá o seu valor para mim. Se você preparar e me oferecer uma, eu certamente aceitarei. No entanto, o que tem o poder de nos transformar, nos transformar de verdade, é uma vida de comunhão centrada em Cristo. Não há qualquer poder na apresentação ou mesmo na comida em si.

Já fiquei tão preocupada em servir pratos preparados com ingredientes locais e orgânicos apresentados em louças exclusivas e mesas lindíssimas que me esqueci do ingrediente mais importante: as pessoas que eu iria receber. Podemos ter trocado os chocolates em barra por ganaches de chocolate e fatias de pizza por bruschetta, mas a nossa sofisticação alimentar pode acabar sendo prejudicial se nos tirar do foco certo, que deve ser as pessoas e aquilo que Jesus deseja fazer em nosso meio e ao redor da mesa. Afinal, ele é famoso por aparecer durante as refeições.

Jamais quero perder de vista o que Deus pode fazer por intermédio de uma refeição à mesa. Em alguns dias, são Will, Harper e Lily na minha cozinha, comendo panquecas e tomando suco. Já em outros dias, é um jantar chique de aniversário, uma reunião de última hora para comer uma massa, ou um grupo de irmãos da igreja reunidos ao redor de alguns aperitivos antes do estudo bíblico.

Se você me visitar, certamente me ouvirá falar bastante sobre tudo o que colhi na minha horta ou comprei na feirinha local de produtos orgânicos. Sem contar que me verá mostrar todas as compotas e geleias que eu mesma fiz. Porém, o meu verdadeiro desejo será que você saia da minha casa sentindo que foi amada em nome de Jesus. E se souber disso, então essa sensação permanecerá com você por dez mil anos – muito além da moda das tábuas de queijo de mármore e das couves-de-bruxelas cobertas com vinagre balsâmico.

> Jamais quero perder de vista o que Deus pode fazer por intermédio de uma refeição à mesa.

Tábua de Charcutaria (receita na página 94).

Aspargos com Tartalete de Alcaparra (receita na página 95).

TÁBUA DE CHARCUTARIA

TEMPO DE PREPARO: 45 minutos | **TEMPO DE COZIMENTO:** 0 minuto | **RENDIMENTO:** sua preferência

Para fazer uma bela tábua de charcutaria, você precisará de uma mescla equilibrada de ingredientes variados. Lembre-se de misturar as texturas. Frutas, nozes e ingredientes em conserva são guarnições maravilhosas que complementam a tábua. Ela pode ser servida como aperitivo ou após uma refeição.

Primeiro, comece escolhendo a tábua que usará. Ela pode ser grande, de madeira, mármore ou qualquer outro tipo que você tenha em casa. Em seguida, arrume os ingredientes escolhidos sobre ela, como queijos, carnes, patês, torradas, pães, biscoitos, ingredientes em conserva, frutas e nozes das listas a seguir. A tábua pode conter quantos ingredientes quiser, dependendo da sua necessidade e preferência.

QUEIJOS (Escolha 3 ou 4 variedades diferentes entre as seguintes):

- Queijo cremoso francês, tipo brie
- Queijo firme, tipo parmigiano reggiano
- Gruyère
- Gouda
- Gorgonzola
- Queijo de cabra
- Cheddar envelhecido

CARNES (Escolha 3 ou 4 variedades diferentes entre as seguintes):

- Fatias de presunto
- Salame envelhecido fatiado (sopressata, coppa ou qualquer um de sua escolha)
- Jamón serrano (presunto espanhol)
- Mocetta (filé mignon curado)

PATÊ

Uma maneira simples de enfeitar um prato comum de carnes e queijos é incluir o patê (também chamado pasta, em francês, ou terrine). Você pode colocar o patê de sua escolha em uma bela tigela pequena ou em formas. Use sua melhor receita de patê, ou apenas compre em uma loja de queijo local ou em seu mercado de especialidade favorito.

TORRADAS, PÃES E BISCOITOS

Escolha pães, torradas e biscoitos preferidos. Novamente, decida-se por uma boa variedade para que a apresentação fique mais bonita.

OPÇÕES DE CONSERVAS

- Cebolas-pérola em conserva
- Quiabo em conserva
- Azeitonas
- Pepino em conserva

❖ *Imagem na página 92*

OPÇÕES DE FRUTAS

Figos frescos

Uvas

Fatias de pera

Fatias de maçã

OPÇÕES DE NOZES

Amêndoas espanholas inteiras

Nozes picantes

Nozes tostadas

Kelly: As tábuas de charcutaria são muito divertidas de arrumar, pois podemos usar nossa criatividade. Nenhuma precisa ser igual à outra. Você pode escolher itens da estação para elaborar uma tábua saborosa e acessível.

ASPARGOS COM TARTALETE DE ALCAPARRA

TEMPO DE PREPARO: 20 minutos | **TEMPO DE COZIMENTO:** 5 minutos | **RENDIMENTO:** 12 porções

Ingredientes:

500g de aspargos

½ xícara de maionese

1 colher de sopa de alcaparras picadas

1 ½ colher de sopa de suco de limão

½ dente de alho amassado

4 ovos cozidos e picados

Sal e pimenta a gosto

12 minitartaletes (compradas prontas ou caseiras)

PARA DECORAÇÃO

6 ovos de codorna cozidos

Pontas dos aspargos

1 pacote de broto de qualquer tipo

MODO DE PREPARO:

1. Corte a base dos aspargos. Coloque os aspargos no prato e cubra-os com um plástico filme adequado para ir ao micro-ondas. Deixe no micro-ondas por 5 minutos, até ficar *al dente*.
2. Corte as pontas dos aspargos e reserve para decoração. Pique o restante dos aspargos em pedaços bem finos.
3. Em uma tigela média, misture os aspargos picados, a maionese, as alcaparras, o suco de limão, o alho, os ovos, o sal e a pimenta. Ponha a quantidade desejada em cada tartalete.
4. Decore o topo das tartaletes com a ponta de 1 aspargo, ½ de um ovo de codorna cozido e alguns raminhos de brotos.

Imagem na página 93 ❖

ROLINHOS PRIMAVERA

TEMPO DE PREPARO: 45 minutos | **TEMPO DE COZIMENTO:** 0 minuto | **RENDIMENTO:** 6 a 8 porções

Ingredientes:

MOLHO DE AMENDOIM

- ¾ xícara de manteiga de amendoim
- 2 colheres de sopa de néctar de agave
- 3 colheres de sopa de leite de coco
- Suco de 2 limões
- ½ xícara de molho shoyo
- 2 colheres de chá de pimenta vermelha
- Amendoim picado para decorar por cima

CALDA

- 1 dente de alho picado
- ½ xícara de manteiga de amendoim
- 2 colheres de sopa de óleo de gergelim
- 4 colheres de sopa de suco de limão
- ½ colher de chá de gengibre moído
- 2 colheres de sopa de molho tamari
- 1 colher de sopa de água, se necessário

ROLINHOS

- 1 pacote de papel de arroz
- 1 pimentão vermelho picado à juliana
- 1 pimentão amarelo picado à juliana
- 1 pimentão verde picado à juliana
- 1 abobrinha picada à juliana
- 2 cenouras picadas à juliana
- 1 pepino grande picado à juliana
- 2 cebolinhas picadas
- 1 alface picada à juliana
- ½ xícara de folhas de manjericão picadas

Opcional: 2 colheres de chá de amendoim torrado picado

MODO DE PREPARO:

1. **PARA FAZER O MOLHO DE AMENDOIM:** Misture todos os ingredientes do molho de amendoim, menos os amendoins picados para decoração, colocando-os em um processador de alimentos ou liquidificador. Bata até ficarem com uma textura homogênea. Se precisar de mais líquido, adicione água ou mais leite de coco. Despeje o molho em um recipiente e acrescente os amendoins picados por cima para decorar. Reserve.

2. **PARA FAZER A CALDA:** Junte todos os ingredientes da calda em um processador de alimentos ou liquidificador e bata até ficar homogêneo. Acrescente água para criar a espessura do molho de sua preferência. Reserve.

3. **PARA FAZER OS ROLINHOS:** Prepare todos os ingredientes para o rolinho, cortando os legumes à juliana e picando o amendoim. Misture todos os ingredientes em uma tigela grande. Encha uma vasilha grande com água quente. Coloque um pano de prato limpo em cima de uma tábua de corte. Ponha, delicadamente, uma folha de papel de arroz dentro da água e deixa-a ali por 10 segundos. Transfira-a com cuidado para o pano de prato.

4. Acondicione porções do recheio no centro do papel de arroz (cuidado para não depositar muito recheio e rasgar o papel). Regue o recheio com a calda, cerca de 1 colher de sopa por rolinho. Dobre cuidadosamente, trazendo o lado esquerdo e o lado direito para o centro. Em seguida, dobre a parte inferior do papel de arroz e continue nessa direção para enrolá-lo até o fim. Para mantê-lo fresquinho enquanto monta os outros rolinhos, coloque o primeiro em um prato e cubra-o com um papel toalha úmido.

5. Sirva imediatamente com o molho de amendoim separado.

Crostini de Carne (receita na página 100).

Torrada de Camarão com Aioli (receita na página 100).

Tartalete de Milho (receita na página 101).

TORRADA DE CAMARÃO COM AIOLI

TEMPO DE PREPARO: 20 minutos | **TEMPO DE COZIMENTO:** 15 minutos | **RENDIMENTO:** 12 a 14 porções

Ingredientes:
CAMARÃO E TORRADA

1 colher de sopa de manteiga

500g de camarão cru, descascado e limpo

Sal e pimenta a gosto

1 dente de alho amassado

½ colher de sopa de cebolinha picada

½ colher de sopa de salsinha picada

6 a 7 fatias de pão branco

AIOLI

½ xícara de maionese

1 dente de alho amassado

3 colheres de sopa de suco de limão

½ colher de chá de raspas de limão

½ colher de sopa de cebolinha picada

Sal e pimenta a gosto

MODO DE PREPARO:

1. Derreta a manteiga em uma panela. Depois adicione o camarão e os temperos. Cozinhe até o camarão ficar rosa-claro.
2. Use um cortador redondo para fazer 2 círculos para cada fatia de pão. Pincele cada rodela com manteiga e torre até dourar.
3. **PARA FAZER O AIOLI:** Misture todos os ingredientes do aioli em uma tigela.
4. Coloque 1 colher de chá de aioli em cada torrada e, em seguida, adicione um camarão por torrada. Repita até que todos os ingredientes tenham sido usados. Sirva frio.

CROSTINI DE CARNE

TEMPO DE PREPARO: 20 minutos | **TEMPO DE COZIMENTO:** 8 a 10 minutos | **RENDIMENTO:** 12 a 14 porções

Ingredientes:

2 baguetes francesas cortadas em fatias na diagonal

4 colheres de sopa de azeite

1 xícara de maionese

½ colher de chá de raiz forte

Sal e pimenta a gosto

1 bife de filé mignon assado (ou 1kg de rosbife cozido)

1 molho de rúcula fresca

MODO DE PREPARO:

1. Pré-aqueça o forno a 180 graus.
2. Cubra 1 ou 2 assadeiras com papel manteiga. Arrume as fatias de baguete na assadeira, uma ao lado da outra. Pincele cada fatia com azeite, deixe torrar levemente até dourar (cerca de 8 a 10 minutos) e retire do forno.
3. Em uma tigela pequena, adicione maionese, raiz-forte, sal e pimenta. Misture bem.
4. Coloque uma colher pequena da mistura de maionese e raiz-forte em uma fatia de baguete torrada. Em seguida, cubra com 1 ou 2 fatias de carne e decore com uma pequena folha de rúcula.

❖ *Imagem na página 98*

TARTALETE DE MILHO

TEMPO DE PREPARO: 20 minutos | **TEMPO DE COZIMENTO:** 0 minuto | **RENDIMENTO:** 10 a 12 porções

Ingredientes:

2 xícaras de milho doce congelado, descongelado e escorrido

3 colheres de sopa de maionese

2 colheres de sopa de creme de leite

1 colher de sopa de cebolinha picada

Sal e pimenta a gosto

Copos de coquetel, pequenas torradas com manteiga ou formas de tortas de pastelaria pequenas

MODO DE PREPARO:

1. Em uma tigela grande, misture todos os ingredientes do molho de milho.
2. Deixe a mistura esfriar até a hora de servir.
3. Coloque 1 colher de chá do molho de milho em cada copo ou forminha e ponha todos em uma travessa. Repita até que os ingredientes tenham sido totalmente utilizados.

Regina: Esses são aperitivos rápidos e fáceis para fazer em suas festas de verão. Sirva o molho de milho em tortinhas prontas, em copos ou em torradas com manteiga. Eles costumam acabar bem rápido!

Imagem na página 99 ❖

Molho Fiesta (receita na página 103).

MOLHO FIESTA

TEMPO DE PREPARO: 30 minutos | **TEMPO DE COZIMENTO:** 30 minutos | **RENDIMENTO:** 10 a 12 porções

Ingredientes:

1 colher de chá de azeite

½ cebola picada

1 dente de alho picado

500g de carne moída

Sal e pimenta a gosto

1 embalagem de cream cheese amolecido

1 lata (100g) de pimenta verde

1 pote de cogumelos picados

1 saco (400g) de feijão carioca

1 frasco (400g) de molho

2 xícaras de queijo muçarela ralado

1 xícara de queijo cheddar

1 saco de chips de tortilla

MODO DE PREPARO:

1. Pré-aqueça o forno a 180 graus.
2. Em uma frigideira, aqueça o azeite em fogo médio-alto. Adicione o alho e a cebola e refogue por, aproximadamente, 3 minutos.
3. Acrescente a carne e cozinhe usando uma colher de pau para separar a carne. Coloque sal e pimenta a gosto e deixe cozinhar até ficar pronto.
4. Em uma assadeira, arrume os ingredientes em camadas. Comece com o cream cheese, depois passe para a carne moída, a pimenta verde, os cogumelos, o feijão carioca, a salsinha, a muçarela e o queijo cheddar.
5. Asse por cerca de 30 minutos. Sirva quente com chips de tortilla.

FEIJÃO BRASILEIRO DA REGINA PINTO

TEMPO DE PREPARO: 10 horas | **TEMPO DE COZIMENTO:** 1 hora | **RENDIMENTO:** 10 a 12 porções

Ingredientes:

500g de feijão carioca

Água

3 colheres de sopa de azeite

1 xícara de bacon cortado em pedaços bem pequenos

1 cebola branca média picada

2 dentes de alho picados

1 colher de sopa de sal

8 xícaras de água ou mais, se necessário

1 folha de louro

Sal a gosto

½ colher de chá de pimenta-do-reino

MODO DE PREPARO:

1. Primeiro, coloque o feijão de molho em uma tigela grande, deixando-o 10cm abaixo da água. É necessário ficar de molho durante a noite, em temperatura ambiente.
2. Em fogo médio, frite o bacon no azeite até ficar crocante. Adicione cebola e alho e cozinhe até as cebolas ficarem translúcidas. Escorra o feijão e despeje-o na panela com as 8 xícaras de água e a folha de louro. Tampe, reduza para fogo baixo e deixe cozinhar por 45 minutos, mexendo de vez em quando. Acrescente sal e pimenta. Cozinhe mais um pouco até o líquido engrossar.
3. Para finalizar, retire a folha de louro e sirva sobre o arroz branco.

Festival dos Pães Árabes (receita na página 106).

Biscoito Amanteigado (receita na página 107).

FESTIVAL DOS PÃES ÁRABES

TEMPO DE PREPARO: 45 minutos (mais 1 hora para a massa crescer) **| TEMPO DE COZIMENTO:** 20 minutos **|**
RENDIMENTO: 10 a 12 porções

Ingredientes:
PÃO ÁRABE

1 pacote de fermento

½ colher de chá de açúcar

1 ¾ xícara de farinha de trigo

1 colher de chá de sal marinho

¾ xícara de água, ou mais, se necessário

1 colher de chá de óleo vegetal

Opcional: tomilho fresco

Opcional: orégano seco

IDEIAS DE INGREDIENTES PARA COMER COM O PÃO

Carne: Aioli, fatias de rosbife, pedaços de queijo de cabra, rúcula, um fio de azeite.

Grego: Abacate em fatias, frango grelhado desfiado, rodelas de pepino, tomate e queijo feta esfarelado.

Pêssego: Ricota, rodelas de pêssego fresco, geleia de pêssego, folhas de manjericão, redução de balsâmico.

Bife: Filés grelhados com legumes, azeite, sal e pimenta.

Ovos: Rúcula, tiras de pimentão vermelho assado, 2 ovos e queijo pecorino romano.

Bacon e mel: Ricota e bacon crocante com mel.

MODO DE PREPARO:

1. Coloque fermento, açúcar, farinha, sal e tomilho ou orégano em um processador de alimentos. Bata algumas vezes para misturar. Adicione, aos poucos, a água até que a massa comece a formar uma bola.

2. Retire a massa do processador. Sove com as mãos até obter uma massa lisa e elástica. Pulverize uma tigela com óleo vegetal, ponha a massa dentro e cubra-a com plástico filme, deixando crescer por, aproximadamente, 1 hora ou até ela dobrar de tamanho.

3. Soque a massa e, em seguida, arrume-a sobre uma superfície enfarinhada. Corte em 10 pedaços iguais (ou 20 pedaços se desejar fazer pães menores).

4. Com um rolo de massa, estenda os pedaços para formar círculos ou retângulos bem lisos (cerca de 3cm de espessura).

5. Pré-aqueça em fogo médio-alto e cozinhe as fatias de pão árabe até ver bolhas na superfície, por volta de 1 a 2 minutos. Vire-o e cozinhe-o por mais 1 ou 2 minutos, ou espere o pão estufar.

6. **PARA MONTAR O PÃO:** Coloque as coberturas de sua preferência em cima do pão. Leve ao forno, se desejar. Arrume-os em uma travessa e sirva quente ou frio, dependendo das coberturas.

Regina: Essa é uma das receitas mais simples de pão árabe, mas se você não tiver tempo para fazê-la, compre o pão no mercado mesmo. Essa receita rende 10 pães médios ou 20 minis.

❖ *Imagem na página 104*

BISCOITOS AMANTEIGADOS

TEMPO DE PREPARO: 20 minutos (mais 40 para refrigeração) | **TEMPO DE COZIMENTO:** 16 minutos | **RENDIMENTO:** 12 a 18 porções

Ingredientes:
BISCOITO

3 xícaras de farinha de trigo

5⁄8 de xícara de açúcar

1 ¼ xícara de manteiga

Extrato de baunilha

1 gema de ovo

OPÇÕES DE RECHEIO

Goiabada

Ganache de chocolate

Doce de leite

Geleia da sua preferência

Açúcar de confeiteiro para polvilhar

MODO DE PREPARO:

1. Em um processador de alimentos, bata todos os ingredientes para criar uma massa.
2. Ponha a massa em uma tigela, cubra com plástico filme e leve à geladeira por, aproximadamente, 30 minutos.
3. Pré-aqueça o forno a 180 graus.
4. Em uma superfície levemente enfarinhada, abra a massa, deixando-a com uma espessura de 3,5cm. Corte-a em rodelas com um cortador de biscoitos e coloque-as em uma assadeira forrada com papel manteiga. Leve os biscoitos à geladeira por cerca de 10 minutos.
5. Asse por 16 minutos ou até ver as bordas dos biscoitos começarem a dourar levemente. Retire do forno e deixe esfriar.
6. Faça biscoitos recheados com goiabada ou outro recheio de sua preferência.
7. Passe todos os biscoitos no açúcar de confeiteiro e sirva ou guarde em um recipiente hermético.

Regina: Essa é minha receita brasileira de biscoitos amanteigados que venho usando há anos!

FLORES, PLANTAS E DECORAÇÃO

Se você vier jantar em minha casa, pode ter certeza de que passei algum tempo fazendo compras e cozinhando. Às vezes, até compro a minha carne de fazendeiros locais.

O problema é que geralmente me concentro tanto na refeição em si que me esqueço do ambiente, da arrumação da mesa e da decoração. Felizmente, sempre tenho a ajuda da minha cunhada, Megen, que é ótima para essas coisas. Tomo conta dos filhos dela e ela arruma a minha casa para festas e reuniões. Acho que ela ficou com a melhor parte desse acordo. Aqui estão algumas dicas que aprendi com Megen ao longo dos anos.

Flores frescas são a maneira mais fácil e bonita de criar um ambiente agradável para a casa. Sem precisar gastar muito dinheiro, você pode começar com plantas simples, como eucalipto, esporas-bravas, samambaias, ramos de magnólia, ruscus italiano e azevinho; todas podem fazer parte de um arranjo, basta acrescentar algumas flores para completar a decoração.

Combinar essas plantas simples – até aquelas que você mesma pode cortar de uma árvores ou do seu jardim – com as flores da estação pode ajudar muito no seu orçamento.

Embora encontrar flores mais baratas tenha se tornado mais fácil, até as opções mais baratas podem acabar aumentando o preço depois de um tempo. Por isso, decidi cultivar um jardim de flores no meu quintal no ano passado. Megen sugeriu que eu plantasse zínias, flores conhecidas por serem simples, coloridas e fecundas. E ela estava certa.

Centenas de zínias cresceram no meu quintal e a variedade de suas cores deixam meus vasos de dentro de casa sempre cheios e coloridos. E tudo isso pelo preço de um saco de sementes. Também plantei sementes de muitas variedades, portanto as flores que cresciam eram uma surpresa. Eu me divirto cortando e arrumando as flores em arranjos que espalho por toda a casa. Além disso, ainda pude me maravilhar ao ver brotar um girassol solitário no meio do meu jardim e resolvi deixá-lo ali para cuidar do resto das flores.

As hortênsias também são relativamente fáceis de cultivar, além do benefício de serem perenes; então crescem todo ano. Sua explosão de pétalas traz textura e suavidade para qualquer mesa. É claro que ainda há rosas, peônias, dianthus, tulipas, begônias e centenas de outras flores de tirar o fôlego. Descubra quais crescem bem na região em que você mora e veja o que funciona melhor. Tenho certeza de que vai adorar a alegria e a conveniência de escolher e cortar algumas flores para arrumar em um vaso, logo antes de um jantar.

> **Megen sugeriu que eu plantasse zínias, flores conhecidas por serem simples, coloridas e fecundas. E ela estava certa.**

Também admiro como Megen aproveita as heranças de família para expor como objetos de decoração. Ela usa uma tigela velha de bronze para enfeitar com pinhos durante o outono e plantas verdes durante o inverno. Megen gosta de fazer grandes arranjos de flores, colocando vários pequenos arranjos em copos de plástico que são, depois, postos dentro de baldes de bebida. Ou, em vez de utilizar um vaso grande de flores, ela reaproveita outros itens, como uma vasilha azul e branca barata que encontrou em uma loja de antiguidades.

Aproveitar objetos velhos que você já tem em casa para colocar plantas e flores é uma forma simples de manter a decoração interessante sem precisar comprar itens novos o tempo todo.

Para a decoração da mesa, Megen seleciona alguns castiçais cônicos que ela adora e muda as cores das velas de acordo com a estação. Ela usa retalhos de seus tecidos preferidos e os transforma em simples caminhos de mesa, que também troca quando muda a estação. E gosta de empregar jogos americanos como uma opção barata para trazer textura a qualquer mesa.

Misturar metais também é uma boa ideia, como, por exemplo, combinar anéis de guardanapo de bronze com os seus talheres de prata. Por último, se você tiver pratos neutros, pode sempre acrescentar um pouco mais de variedade, dispondo de pratos menores com diferentes desenhos e cores.

Ao preparar a casa para receber convidados, o mais importante a ter em mente é lembrar que você não precisa fazer decorações extravagantes nem gastar muito dinheiro. Aproveite o que a natureza tem a oferecer em cada estação e leve isso para dentro da sua casa.

Experimente plantar um pacote de sementes de flores e veja o que acontece. Use peças de herança de família para exibir seus arranjos de flores. Acenda algumas velas para aquecer e trazer charme ao ambiente. Seja criativa com texturas, metais e tecidos. E, se tudo isso falhar, faça o que eu faço quando Megen não está disponível: simplesmente prepare uma refeição maravilhosa e ninguém se lembrará da decoração da sua casa. ❖

DEFENDENDO A SOPA

Vamos falar um pouco sobre a sopa. Já faz algum tempo que venho tentando analisar os motivos por trás da minha obsessão por sopa. Quero compreendê-los de verdade, uma vez que nem todos compartilham do meu entusiasmo por esse prato.

Quando, por exemplo, meu irmão David, sua mulher Megen e seus filhos se mudaram para Nashville há alguns anos, eu quis ajudá-los a se instalar. Convidá-los para comer na minha casa (especialmente aos domingos depois da igreja) era uma forma de fazer isso. Naturalmente, fiz sopa. Era fácil, rendia uma quantidade suficiente para que todos comessem o quanto quisessem, deixava a minha casa com um aroma maravilhoso e ficava no fogo o dia inteiro.

Nunca subestime a presença de algo fervendo em seu fogão, pois é um dos pontos positivos de fazer sopa. O som é como o de um riacho borbulhante correndo pela cozinha, mas com um aroma inebriante e a promessa de uma refeição nutritiva e saborosa. Como não gostar de algo assim?

Minha família gostou muito da minha sopa de cannellini, couve e linguiça na primeira vez que a servi para eles. Gostaram da canja de galinha que ofereci na segunda

oportunidade e gostaram mais ou menos da de peru com legumes que fiz para o Dia de Ação de Graças.

Quando chegaram o quarto e o quinto jantares em que ofertei sopa, eles já vinham para a minha casa trazendo tacos do restaurante mexicano que havia na minha rua. Houve até uma ocasião em que meu irmão e eu estávamos conversando pelo telefone sobre os planos para o próximo jantar e ele me falou que a Megen queria saber se eu iria fazer sopa.

Eu estava sendo colocada de castigo pela minha própria família por gostar de fazer sopa!

Eles queriam saber, pois provavelmente não iriam se eu dissesse que sim. Eu estava sendo colocada de castigo pela minha própria família por gostar de fazer sopa!

Mais tarde, descobri que os meus familiares não eram os únicos por trás desse golpe da sopa. Os meus amigos também estavam boicotando as minhas sopas. E não era porque eles não gostavam delas, mas porque, durante um tempo, eu só fazia isso. Minha sobrinha Harper, de cinco anos, era a única pessoa que estava do meu lado. Ela ama a minha canja de galinha. (O Will não gosta, mas diz que é apenas porque é alérgico a frango, então não tenho culpa nenhuma.) A única coisa que Harper não gosta na minha canja são os ossos de galinha.

Como é comum eu fazer o meu próprio caldo de galinha, não é atípico que se encontrem acidentalmente um ossinho ou dois perdidos na canja. E Harper parece especialista em encontrá-los.

— Kelly, por que sempre tem osso na sua canja? — reclama ela.

— Porque as galinhas têm ossos! — costumo responder.

O outro motivo, claro, é porque às vezes estou com pressa e acabo deixando alguns escaparem. Contudo, a razão por trás disso é realmente *porque as galinhas têm ossos*, e você ficaria surpresa se descobrisse quantas crianças pequenas não sabem dessa informação. E aproveito para ensiná-las quando estão sentadas à minha mesa. Contanto que a comida esteja gostosa, elas parecem não se importar.

Preciso dar algum crédito à minha mãe por gostar tanto de sopa. Ela sempre preparou ótimos caldos e até hoje os serve para os meus sobrinhos na Virgínia, que são capazes de *botar para dentro* alguns pratos da sua massa fagioli ou de sopa de feijão. Ela sempre fica muito feliz com isso, pois eles não estão apenas gostando de seus pratos, mas também estão sendo nutridos com ingredientes saudáveis.

Além de todas as propriedades reconfortantes da sopa, os benefícios presentes no frango caseiro ou no caldo de carne para a saúde são surpreendentes e numerosos. Diz-se que a gelatina presente nos ossos ajuda na digestão, em doenças de pele, gripes, resfriados e problemas nas articulações. O Dr. Pottenger, que foi o pioneiro no uso de caldos ricos em gelatina, escreveu um artigo em 1938. Neste artigo, ele afirmou: "o equipamento mais importante em qualquer cozinha é a panela de caldo".* Viu só? Tenho apoio até dos anos 1930.

Fui ainda mais longe e fiz uma pesquisa sobre sopas na Bíblia. Descobri que a sopa só é mencionada no Antigo Testamento, e infelizmente isso não acontece em circunstâncias muito boas. Esaú trocou o seu direito de primogenitura por uma tigela de sopa feita por seu irmão Jacó. As décadas de caos e amargura que se seguiram entre esses dois irmãos remontam à sopa. Achei isso muito desanimador, então persisti em minha pesquisa.

Encontrei Eliseu, que ofereceu sopa aos seus homens em meio a um período de fome, e quando eles a comeram, exclamaram: "há morte na panela". Ler isso foi ainda mais terrível. Depois, descobri que a sopa também é apontada em Ezequiel como uma metáfora para o julgamento de Deus sobre Israel. Uma dica: nunca convide alguém para a Sopa do Julgamento. Recapitulando: a sopa era a única comida citada no Antigo Testamento a aparecer em histórias sobre traição, fome e julgamento. E isso não estava ajudando a minha causa.

Embora eu não tenha conseguido encontrar o apoio direto e evidente que é constantemente dado ao pão, aos peixes, ao figo ou ao mel, encontrei bastante apoio

---

Ninguém precisa se arrumar para tomar sopa. A sopa diz: "Venha como você está." É uma refeição que desarma qualquer um.

---

indireto que quero compartilhar com você. Para começar, a sopa é um prato despretensioso e acessível para quando desejamos convidar as pessoas ao nosso lar. Ninguém precisa se arrumar para tomar sopa. A sopa diz: "Venha como você está." É uma refeição que desarma qualquer um.

Ao refletir sobre o ato de cozinhar e compartilhar refeições, especialmente no contexto da fé cristã, notei discussões transformadoras ocorridas em torno de uma refeição com Jesus. E fiquei mais consciente de que é necessário fazer mais isso. As refeições que compartilhamos têm o poder de encorajar, desafiar, abençoar e curar quando são guiadas pelo Espírito Santo.

Quantas vezes você já saiu da casa de alguém após tomar uma xícara de café ou depois de um bom jantar e pensou: "Eu realmente estava precisando disso!"? Ao pensar assim, você certamente não estava se referindo ao café em si ou ao alimento que comeu no jantar, mas sim à comunhão com aquela pessoa. Em uma sociedade tão atarefada quanto a nossa, precisamos nutrir interações e conversas profundas uns com os outros mais do que nunca. Embora preparar uma sopa não seja tão conveniente quanto pedir comida em casa, ainda é uma das opções mais fáceis que nos permite receber convidados em nossa casa para compartilhar uma refeição caseira.

Em outras palavras, quando quero receber gente em casa para uma reunião agradável, mas não tenho tempo para fazer uma feijoada, posso preparar uma sopa. E as pessoas virão. (Menos a minha família.) Seja uma sopa mexicana ou de feijão, você pode combiná-la com chips e salsa, ou talvez um pouco de guacamole. Se for algo como farro com carne, o acompanhamento de um pão quentinho com azeite e ervas é sempre um acerto. E não tem erro combinar uma sopa de tomate e manjericão com um simples sanduíche de queijo quente.

A sopa é uma forma de preparar uma refeição que não exige muito esforço, promove a comunhão entre as pessoas e faz com que seus convidados se sintam à vontade em sua casa.

Em tempos de conscientização ambiental, também considero a sopa uma forma econômica e completa da utilização de recursos. Sempre que estou no Brasil e os cozinheiros indígenas da floresta nos preparam refeições, nada é desperdiçado. Isso porque os ossos e as sobras dos ingredientes podem ser transformados em sopa.

O que poderia ter sido jogado fora em nossas cozinhas é matéria-prima valiosa para uma sopa incrementada em outras partes do mundo. Quando estou no Brasil e o prato da segunda-feira é frango assado com legumes, já sei que na terça-feira tomarei a melhor sopa da minha vida. Jogar uma carcaça de frango e sobras de legumes em uma panela não é algo apenas responsável e maravilhosamente engenhoso. É também saudável e muito saboroso.

Descobri que a panela é a opção mais acolhedora e indiscriminada para o fim das sobras de ingredientes para os quais você não conseguiria encontrar nenhum outro lugar.

Outra noite fiz enchiladas de frango e molho verde e usei coxas com osso. Em vez de jogar fora os ossos e as carnes de frango agarradas neles, eu os joguei em uma panela e deixei ferver por algumas horas com umas sobras de cebolas e talos de vegetais.

Ao final da noite, comi enchiladas de frango e uma grande tigela de caldo que pude utilizar para preparar um acompanhamento de arroz e guardar para usar em refeições futuras. Sopas são refeições econômicas, além de serem tão reconfortantes quanto uma avó tricotando em uma cadeira de balanço ou quanto um par de meias quentinhas.

Então, aí está. Essa é a minha defesa da sopa. Ela é a responsável por fazer cada cantinho da sua casa cheirar convidativo e aconchegante. É uma maneira de oferecermos a nossa mesa da mesma forma que Jesus nos oferece a sua. É uma refeição saudável, econômica e gostosa. Além disso, uma sopa pode ser consumida durante vários dias,

---

É uma maneira de oferecermos a nossa mesa da mesma forma que Jesus nos oferece a sua.

---

alimentar muitas pessoas e ficar cozinhando durante horas no fogão, enquanto você faz outras coisas ao longo do dia. A sopa é um lembrete presente de que ainda existem algumas coisas funcionando neste mundo. ❧

---

* Sally Fallon Morell e Kaayla T. Daniel, *Nourishing Broth: An Old-Fashioned Remedy for the Modern World (Caldo nutritivo: Um remédio antigo para o mundo moderno)* (Grand Central Publishing, 30 de setembro 2014).

DEFENDENDO A SOPA

SOPA DE COUVE, LINGUIÇA E FEIJÃO BRANCO

TEMPO DE PREPARO: 20 minutos | **TEMPO DE COZIMENTO:** 50 minutos | **RENDIMENTO:** 4 a 6 porções

Ingredientes:

¼ xícara de azeite de oliva extravirgem

6 a 8 dentes de alho picados

2 colheres de chá de orégano seco

2 colheres de sopa de vinagre de vinho tinto

1 lata (170g) de extrato de tomate

2 latas (420g cada) de feijão branco, lavado e escorrido

2 ½ cubos de caldo de galinha (adicione mais se quiser uma sopa mais líquida)

Sal e pimenta a gosto

500g de linguiça toscana (ou linguiça moída)

1 molho de couve, talos grandes removidos e picados

Queijo parmesão ralado a gosto para decorar

MODO DE PREPARO:

1. Em uma panela grande, aqueça o azeite de oliva extravirgem em fogo médio. Adicione alho e orégano. Cozinhe até o alho ficar translúcido, cerca de 3 minutos. Cuidado para não queimar.

2. Acrescente vinagre e extrato de tomate. Cozinhe por mais 1 minuto até que o óleo e o extrato de tomate se misturem.

3. Adicione o feijão lavado e o caldo. Ferva por 30 a 45 minutos. Tempere com sal e pimenta a gosto.

4. Enquanto a sopa estiver fervendo, cozinhe, em outra panela, os elos da linguiça (ou a linguiça moída). Quando ela estiver meio cozida, tire e deixe esfriar. Em seguida, corte-a em pedaços pequenos e jogue-os na sopa para terminarem de cozinhar. (Permitir que a linguiça termine de cozinhar na sopa vai conferir mais sabor ao prato final.)

5. Adicione a couve e cozinhe, com a panela tampada pela metade, por mais 15 a 30 minutos, certificando-se de que a linguiça cozinhe completamente.

6. Enfeite com queijo parmesão ralado na hora.

Kelly: Gosto de tomar caldos saudáveis, só com legumes, mas às vezes não dá para resistir à linguiça. Essa receita é ótima, pois tem feijão e couve, mas não perde nada em sabor.

Sopa de Carne com Farro (receita na página 123).

SOPA DE TOMATE COM MANJERICÃO

TEMPO DE PREPARO: 15 minutos | **TEMPO DE COZIMENTO:** 1 hora e 15 minutos | **RENDIMENTO:** 5 a 7 porções

Ingredientes:

14 tomates maduros, cortados ao meio

2 colheres de sopa de azeite

1 dente de alho cortado em quatro pedaços

2 ½ de caldo de galinha

1 colher de sopa de açúcar

Sal e pimenta a gosto

Opcional: 1 xícara de creme de leite fresco (se desejar uma sopa mais cremosa)

Um punhado de folhas de manjericão

MODO DE PREPARO:

1. Pré-aqueça o forno a 180 graus.
2. Em uma assadeira, arrume os tomates em uma camada, regue com azeite e leve ao forno por cerca de 30 a 40 minutos até amolecerem.
3. Coloque os tomates, o alho, o caldo de galinha e o açúcar no processador de alimentos. Bata até ficarem homogêneos, fazendo a sopa.
4. Despeje a sopa em uma panela e deixe cozinhar por 30 minutos em fogo médio-baixo.
5. Sal e pimenta a gosto. Se desejar uma sopa mais cremosa, adicione creme de leite. Sirva em tigelas.
6. Decore cada tigela de sopa com uma folha de manjericão. Sirva, acompanhado de um delicioso sanduíche de queijo quente (ver página 124).

Regina: Há dois segredos para uma sopa de tomate deliciosa. O primeiro é o ponto dos tomates (tente comprá-los quando estiverem na estação, em uma feira de orgânicos). O segundo segredo é assar os tomates em vez de refogá-los.

❖ *Imagem na página 120*

SOPA DE CARNE COM FARRO

TEMPO DE PREPARO: 15 minutos | **TEMPO DE COZIMENTO:** 2 a 4 horas | **RENDIMENTO:** 6 a 8 porções

Ingredientes:

- 3 colheres de sopa de farinha de trigo
- 2 colheres de chá de sal
- ½ colher de chá de pimenta
- 1kg de carne assada desossada, cortada em cubinhos
- 2 colheres de sopa de óleo vegetal
- 3 xícaras de cebola branca picada
- 2 dentes de alho médios picados
- 2 xícaras de caldo de carne
- 1 colher de chá de molho inglês
- ½ colher de chá de tomilho seco
- 2 batatas russet descascadas e cortadas em pedaços de 3cm
- 3 cenouras médias, descascadas e cortadas na diagonal em pedaços de 2cm
- 1 xícara de farro
- 1 saco (280g) de ervilhas congeladas
- 1 saco (280g) de milho congelado
- 2 colheres de sopa de salsinha fresca picada

MODO DE PREPARO:

1. Misture a farinha, o sal e a pimenta em uma tigela e passe a carne na mistura.

2. Aqueça metade do óleo vegetal no forno em fogo médio. Adicione também a metade da carne e cozinhe até dourar por completo, por cerca de 5 a 6 minutos. Transfira para uma vasilha. Repita com o restante do óleo vegetal e da carne.

3. Acrescente a cebola e o alho e cozinhe no forno até ficarem macios.

4. Adicione a carne, o caldo de carne, o molho inglês e o tomilho e cubra. Cozinhe até ferver e reduza o fogo para médio-baixo. Cozinhe até a carne ficar macia (2 a 3 horas).

5. Junte as batatas, as cenouras e o farro e cozinhe por mais 30 minutos até as cenouras ficarem macias. Adicione as ervilhas e o milho e deixe por mais 5 minutos.

6. Sirva a sopa em tigelas e decore cada uma delas com salsinha picada.

Imagem na página 121 ❖

SANDUÍCHE DE QUEIJO QUENTE

TEMPO DE PREPARO: 10 minutos | **TEMPO DE COZIMENTO:** 8 minutos | **RENDIMENTO:** 4 porções

Ingredientes:

8 fatias de pão italiano ou francês crocante

3 colheres de sopa de manteiga

4 fatias de queijo muçarela

4 fatias de queijo Grana Padano

4 fatias de queijo Provolone

MODO DE PREPARO:

1. Pré-aqueça a frigideira em fogo médio e unte generosamente com manteiga um dos lados do pão.

2. Acomode o pão com o lado da manteiga virado para baixo na frigideira e adicione 3 fatias de queijo. Unte com manteiga outra fatia de pão e coloque o lado da manteiga para cima por cima do queijo.

3. Grelhe até dourar levemente e vire. Continue grelhando até derreter o queijo (aproximadamente 4 minutos por lado). Repita o mesmo processo para fazer os outros sanduíches. Sirva junto com a sopa de tomate com manjericão (ver página 122), ou qualquer sopa de sua preferência.

❖ *Imagem na página 120*

DEFENDENDO A SOPA

BROA DE MILHO

TEMPO DE PREPARO: 20 minutos | **TEMPO DE COZIMENTO:** 30 a 45 minutos | **RENDIMENTO:** 4 a 6 porções

Ingredientes:

¾ xícara de óleo vegetal

3 ovos

1 xícara de creme de milho

1 ½ xícara de creme de leite azedo (sour cream)

1 ½ xícara de mistura para broa de milho

Uma pitada de sal

1 colher de chá de fermento em pó

1 colher de sopa de jalapeño picado

2 colheres de sopa de açúcar

MODO DE PREPARO:

1. Pré-aqueça o forno a 180 graus.

2. Mexa o óleo vegetal, os ovos, o creme de milho, o creme de leite, a mistura para broa de milho, o sal, o fermento em pó, o jalapeño e o açúcar em uma tigela.

3. Pulverize uma assadeira com óleo, despeje a massa na assadeira e leve ao forno por 35 a 40 minutos. Sirva com chili (ver página 128) ou qualquer sopa de sua preferência.

Kelly: Peguei essa receita de broa de milho com uma amiga muito tempo atrás. O creme de leite a deixa supermacia!

Imagem na página 126 ❖

Broa de Milho
(receita na página 125).

Chili
(receita na página 128).

Canja de Galinha com *Salsa Verde* (receita na página 129).

CHILI

TEMPO DE PREPARO: 20 minutos | **TEMPO DE COZIMENTO:** 4 horas | **RENDIMENTO:** 4 a 6 porções

Ingredientes:

2 colheres de sopa de azeite

700g de carne moída

450g de carne assada e cortada em cubos pequenos

1 cebola grande picada

1 dente de alho grande picado

½ xícara de aipo picado

1 pacote (450g) de feijão vermelho

1 pacote (450g) de feijão branco ou preto

1 lata (400g) de tomate picado

4 colheres de sopa de extrato de tomate

Sal e pimenta a gosto

2 colheres de sopa de pimenta em pó

1 colher de sopa de mostarda seca

2 xícaras de caldo de carne

Creme de leite azedo (sour cream)

Queijo ralado (qualquer um de sua preferência)

MODO DE PREPARO:

1. Coloque 1 colher de sopa de azeite e a carne moída em uma frigideira em fogo médio-alto, mexendo sempre e separando a carne. Esvazie a frigideira e reserve a carne.

2. Na mesma frigideira, acrescente mais uma colher de sopa de azeite e frite os pedaços de carne assada até dourar de todos os lados.

3. Em uma panela grande, adicione todos os ingredientes junto com as carnes. Cozinhe por, pelo menos, 4 horas em fogo médio-baixo. Prove para ver se precisa de mais sal ou pimenta em pó.

4. Sirva com creme de leite e queijo ralado de sua preferência.

❖ *Imagem na página 126*

CANJA DE GALINHA COM SALSA VERDE

TEMPO DE PREPARO: 15 minutos | **TEMPO DE COZIMENTO:** 20 minutos | **RENDIMENTO:** 6 a 8 porções

Ingredientes:

1 lata (350g) de salsa verde

3 xícaras de frango assado

1 lata (430g) de feijão branco, lavado e escorrido

3 xícaras de caldo de galinha (ou mais, se preferir uma canja com mais caldo)

1 colher de chá de cominho moído

½ pacote (280g) de milho congelado

1 colher de chá de pimenta em pó

2 cebolinhas picadas

Creme de leite azedo (sour cream)

Um saco de tortillas

MODO DE PREPARO:

1. Despeje a salsa verde em uma panela grande. Cozinhe por 2 minutos em fogo médio-alto.
2. Em seguida, adicione o frango, o feijão, o caldo, o cominho, o milho e a pimenta em pó à panela. Deixe ferver e abaixe o fogo. Cozinhe por 10 minutos, mexendo de vez em quando.
3. Coloque por cima de cada tigela: cebolas, creme de leite e tortillas.

Kelly: Minha amiga Mary Katharine faz essa receita quase sempre durante a temporada de futebol americano. É como beber um molho bem temperado, só que melhor ainda. Coberto com creme de leite e tortillas! Mesmo que você não goste de futebol, vai amar essa receita.

BISQUE DE ABÓBORA COM CROUTON DE MAÇÃ

TEMPO DE PREPARO: 20 minutos | **TEMPO DE COZIMENTO:** 40 minutos | **RENDIMENTO:** 6 a 8 porções

Ingredientes:
SOPA

3 fatias de bacon cozido e esmigalhado (reserve a gordura)

1 xícara de cebola picada

1 dente de alho picado

6 xícaras de abóbora descascada e cortada em cubos

2 maçãs descascadas e cortadas em cubos

4 xícaras de caldo de galinha

Sal e pimenta a gosto

½ xícara de creme de leite azedo (sour cream)

CROUTONS

10 fatias de pão francês

¼ xícara de manteiga de maçã

3 colheres de sopa de açúcar

¾ colher de chá de canela em pó

MODO DE PREPARO:

1. Em uma panela grande, adicione a gordura do bacon e a cebola. Refogue por 2 minutos e, em seguida, acrescente o alho, a abóbora, as maçãs e o caldo de galinha. Sal e pimenta a gosto. Cozinhe com a panela tampada até a abóbora ficar bem macia.

2. Retire do fogo e bata no liquidificador. Em seguida, transfira a mistura de volta à panela e despeje mais caldo de galinha, se necessário. Pouco antes de servir, junte o bacon e o creme de leite.

3. **PARA FAZER OS CROUTONS:** Pré-aqueça o forno a 180 graus.

4. Corte o pão em formato de croutons. Misture os croutons com a manteiga de maçã e polvilhe com açúcar e canela. Coloque em uma assadeira e leve-a ao forno por 10 minutos.

5. Agite a assadeira para os croutons virarem e deixe no forno por mais 10 minutos.

6. Retire do forno e adicione os croutons às tigelas de sopa.

Canja de Peru (receita na página 134).

Sopa de Macarrão com Frango (receita na página 135).

CANJA DE PERU

TEMPO DE PREPARO: 15 minutos | **TEMPO DE COZIMENTO:** 2 horas e 35 minutos | **RENDIMENTO:** 4 a 6 porções

Ingredientes:

Carcaça de peru

2 talos de aipo picados

2 cenouras descascadas e cortadas

1 cebola cortada em cubos

1 dente de alho picado

½ cubo de caldo de galinha

Sal e pimenta a gosto

2 xícaras de arroz

1 pacote (280g) de ervilha congelada

1 pacote (280g) de milho congelado

MODO DE PREPARO:

1. Misture a carcaça de peru, o aipo, as cenouras, o alho, o caldo de galinha, o sal e a pimenta em uma panela. Deixe tudo ferver por 2 horas e adicione mais caldo ou água, se necessário. (Retire a espuma que se forma às vezes por cima do líquido, na panela.)

2. Passe a sopa por uma peneira, mantendo o caldo, e coloque-o de volta na panela.

3. Confira se não restou alguma carne na carcaça, e se tiver sobrado, retire-a e leve-a de volta à panela. Depois que toda a carne se soltar dos ossos, jogue-os fora junto com a pele.

4. Adicione o arroz e cozinhe por 15 a 20 minutos. Depois, acrescente as ervilhas e o milho e cozinhe por mais 15 minutos. Certifique-se de que o arroz realmente esteja cozido.

Kelly: Garanto que qualquer pessoa que venha à minha casa no dia seguinte ao Dia de Ação de Graças comerá essa sopa. Amo ferver a carcaça do peru para fazer caldo e, em seguida, acrescentar sobras de peru, legumes e arroz para preparar uma das sopas mais reconfortantes e nutritivas que existem. Na verdade, gosto de prepará-las o ano todo.

❖ *Imagem na página 132*

SOPA DE MACARRÃO COM FRANGO (2 DIAS DE PREPARO)

TEMPO DE PREPARO: 20 minutos | **TEMPO DE COZIMENTO:** 1 hora e 50 minutos | **RENDIMENTO:** 4 a 6 porções

Ingredientes:

1 frango inteiro cru

1 xícara de aipo picado

1 cebola picada

6 cenouras picadas

250g de macarrão

Sal e pimenta a gosto

¼ xícara de salsinha picada

DIA 1

MODO DE PREPARO:

1. Lave o frango, coloque-o em uma panela grande, cubra com água e ferva por 50 minutos. Retire o frango e coe o caldo.

2. Remova o frango cozido do osso e corte em pedaços ou desfie. Guarde na geladeira durante a noite.

3. Volte com os ossos para o caldo da panela e ferva suavemente por 1 hora.

4. Separe o líquido dos sólidos, passando-os por uma peneira. Descarte os ossos.

5. Cubra o caldo e leve-o à geladeira durante a noite (reserve em um recipiente separado do frango).

DIA 2

MODO DE PREPARO:

1. Durante a noite, uma camada de gordura terá subido para o topo do caldo. Remova-a e jogue-a fora.

2. Cozinhe o aipo picado, a cebola e as cenouras em uma pequena quantidade de água em fogo médio-alto até ficarem macios. Adicione o caldo aos vegetais e aqueça bem.

3. Enquanto isso, cozinhe o macarrão separadamente, seguindo as instruções da embalagem, até ficar *al dente*. Escorra-o e junte-o ao caldo.

4. Prove a sopa e tempere com sal e pimenta e metade da salsinha. Junte ao frango reservado. Prove de novo para acertar o tempero.

5. Aqueça até ficar bem quente. Polvilhe a salsinha que sobrar por cima para servir.

CALDO CASEIRO

Amo fazer meu próprio caldo para sopas e molhos. Um bom caldo em uma sopa é como o creme de mais alta qualidade na manteiga, o melhor cacau na torta de chocolate, o melhor tomate no molho de pizza. É claro que sempre podemos comprar o caldo já pronto no mercado, mas, nas palavras de Regina: "Acredite em mim, não há nada como um bom caldo de carne ou de galinha caseiro, como os que a minha avó e a minha mãe faziam." O caldo é a alma da sopa, então não devemos economizar quando se trata dele.

O caldo é a alma da sopa, então não devemos economizar quando se trata dele.

Os benefícios para a saúde que vem do caldo de osso são imensuráveis. O colágeno, a gelatina e os aminoácidos presentes nos ossos ajudam a combater a inflamação, as dores nas articulações e os resfriados. Além disso, a textura do caldo caseiro é sutil e o seu sabor, no mínimo, reconfortante. No entanto, talvez, o mais importante seja que produzir o próprio caldo faz com que nos sintamos eficientes. E às vezes é bom nos sentirmos assim.

Para fazer o meu caldo de galinha caseiro, deixo o frango inteiro em temperatura ambiente, coloco-o em uma panela e cubro com água. Quando a água ferve, abaixo o fogo e cubro a panela por cerca de 1 hora. Verifico a panela periodicamente e retiro a espuma que se forma por cima. Quando o frango está cozido, eu o retiro do caldo da panela e o reservo em um prato grande ou em uma tábua de corte. Depois que ele esfria, tiro a carne e corto-a em pedaços pequenos com a mão. Logo em seguida, levo à geladeira.

Depois, coloco todos os ossos e a carcaça de volta na panela, adicionando de 3 a 5 cenouras cortadas grosseiramente, alguns talos de aipo, uma cebola picada e um punhado de ervas da minha horta. Deixo os ossos e os legumes ferverem por mais algumas horas. (Opcional: acrescentar um pouco de vinagre de maçã ao seu caldo ajuda a extrair os nutrientes dos ossos.) Às vezes, adiciono sal e pimenta nesse estágio também. Mas você pode esperar para fazer isso mais tarde.

Depois de algumas horas, removo todos os ossos e os legumes da panela. Se eu estiver fazendo canja de galinha, volto com o frango da geladeira para a panela, adiciono alguns temperos e pronto: posso servir uma ótima refeição. Caso contrário, posso aproveitar o frango em uma refeição separada para aquele dia e congelar ou levar à geladeira o caldo fresco para ser usado em outra ocasião.

Se você está procurando uma receita de caldo de carne, recomendo a da Regina para ser experimentada em um dia frio de inverno. ❖

CALDO DE CARNE DA REGINA

TEMPO DE PREPARO: 1 hora | **TEMPO DE COZIMENTO:** 2 a 3 horas | **RENDIMENTO:** 1 a 2 litros

BOUQUET GARNI

2 raminhos de alecrim fresco

4 raminhos de tomilho fresco

2 folhas de louro secas

1 colher de sopa de pimentas pretas inteiras

CALDO DE CARNE

1 ½ osso de carne (peça ao açougueiro que corte os ossos em pedaços pequenos)

500g de músculo

2 cebolas grandes cortadas em cubos

3 cenouras grandes cortadas em terços

2 talos de aipo cortados em terços

5 litros de água

MODO DE PREPARO:

1. Pré-aqueça o forno a 210 graus.

2. **PARA FAZER UM BOUQUET GARNI:** Coloque o alecrim, o tomilho, as folhas de louro e as pimentas pretas em um pano de queijo. Enrole o pano de queijo nesses ingredientes e prenda-os para que o buquê flutue no caldo para dar sabor.

3. Ponha os ossos, o músculo, as cebolas, as cenouras e o aipo em uma panela para assar. Leve ao forno, virando de vez em quando, até que os vegetais e os ossos fiquem bem dourados – aproximadamente 1 hora. Transfira para uma panela grande e reserve.

4. Coloque a panela no fogão e deixe em fogo alto. Mexa para misturar os pedaços dourados do fundo da panela. Despeje os pedaços dourados na panela do caldo.

5. Adicione 5 litros de água para cobrir os ossos. Cubra e espere até ferver. Retire qualquer espuma que surgir na superfície. Reduza para fogo brando e acrescente o buquê garni para dar sabor ao caldo. Cozinhe por cerca de 2 a 3 horas, removendo novamente a espuma, se necessário.

6. Após várias horas de cozimento em fogo brando, coe o caldo em uma peneira fina; em seguida, descarte os sólidos e o bouquet garni. Deixe o caldo esfriar e transfira para um recipiente hermético e leve à geladeira.

Kelly: Sei o que você está pensando: Mas, afinal, o que é um Bouquet Garni? Porque é isso que estou pensando. Bouquet Garni é um termo francês e é um buquê de ervas normalmente utilizado para fazer caldos. E para ficar claro: é preciso tirá-lo do caldo antes de comer.

A HISTÓRIA
DE UM
GRANDE
PEIXE DA
AMAZÔNIA

Quase dez anos atrás, fiz a minha primeira viagem para a Amazônia, com a Justice & Mercy International. Mesmo depois de vinte viagens (e ainda contando), nunca superei os ribeirinhos, a sua cultura e a sua comida.

Curioso era que, enquanto me preparava para minha aventura inaugural pela Amazônia, a parte da comida estava me preocupando mais do que todas as coisas. Quando se mora, durante uma semana, em um barco amarrado com redes e chamado "A Descoberta", que tipo de comida pode se esperar que seja servida? E será que eu estava disposta a fazer descobertas em relação aos alimentos? Tudo me parecia muito suspeito, então fiz o que todo estadunidense faria: levei tantas barras de cereal e pasta de manteiga de amendoim que dariam para me sustentar até os setenta anos.

A propósito, os brasileiros detestam manteiga de amendoim. De todas as diferenças culturais que observei entre nossos respectivos países, considero a questão da manteiga de amendoim a mais perturbadora. A vantagem disso, no entanto, é que você não precisa dividir a sua com ninguém.

Mas, quem diria que eu nem precisaria dos lanchinhos que levei naquela primeira semana na Amazônia? Não quando havia infinitas variedades de bananas, maracujá, cocos, manga e abacaxis em abundância por toda parte. Não quando estávamos a bordo de um barco que navegava pelo maior rio do mundo, repleto de tambaquis, pirarucus e piranhas. Até o arroz e o feijão passaram da categoria de um prato de comida normal para a categoria da abundância brasileira.

Logo me tornei uma adepta da farofa, substância crocante que vem da raiz da mandioca, um ingrediente básico que os amazônidas usam em quase todos os pratos. Ela é difícil de ser encontrada nos Estados Unidos, então vou até a casa da Regina quando estou com saudade da Amazônia. Regina sempre tem um estoque de farofa à mão.

As nossas cozinheiras do barco, Rosa e Vilma, maravilharam-nos com suas sobremesas noturnas: musses, pudins e bolos feitos com suas frutas tradicionais. Rapidamente me tornei uma entusiasta da comida brasileira.

A única complicação em relação à comida na região amazônica (diferente da cidade de Manaus) é que a maioria das pessoas, como mencionei anteriormente, vive exclusivamente da terra e do rio, onde os recursos variam de acordo com as estações.

O rio Amazonas inunda a terra quando é temporada de chuvas – algo que acontece todo ano e aumenta de 7 a 15 metros o nível do rio. As pessoas que moram nessa região que inunda anualmente já sabem que as plantações serão destruídas e que os peixes se tornarão assustadoramente escassos. A pergunta não é se isso vai acontecer, mas quão ruim será. Não importa quantas vezes eu visite a Amazônia, sempre me abalo com a situação daqueles que constantemente veem suas fontes de alimentação serem destruídas ano após ano.

Grande parte do trabalho que faço na Amazônia é com pastores indígenas, alguns dos quais vivem nessas áreas frequentemente alagadas. A maioria deles poderia se mudar com as famílias para áreas mais secas e sustentáveis. Contudo, nas palavras do meu querido amigo pastor Cosme: "Permanecemos em nossas aldeias porque é onde a nossa gente está."

Depois de fazer uma pausa e com firme convicção, Manoel continuou: "Mas Deus sempre provê. E na hora certa."

Conversei com outro casal, o pastor Manoel e sua mulher, Michele, que colocaram da seguinte maneira:

— Como poderíamos morar em uma área seca, quando o nosso ministério é para as pessoas que vivem em condições de inundação? É algo simplesmente impossível. — Depois de fazer uma pausa e com firme convicção, Manoel continuou. — Mas Deus sempre provê. E na hora certa.

Mesmo quando não entendemos a língua, há um brilho nos olhos de um bom pregador, um certo tom convincente que nos faz saber que, por trás daquele olhar, existe uma história sobre a fidelidade de Deus.

— Pastor, parece que existe uma história por trás dessa declaração — afirmei.

— É verdade. Há muitas histórias, mas vou contar uma especial.

Então me sentei na ponta da cadeira enquanto ele e Michele contavam a história sobre um dia especialmente quente no rio – um dia em que Deus fez o inimaginável. Muitos anos antes, quando os quatro filhos de Manoel e Michele ainda eram pequenos, eles se encontraram no meio de uma estação de chuvas. (Não existe um termo capaz de descrever quão encharcada fica a Amazônia durante esses meses.) As plantações estavam debaixo d'água havia muito tempo e os peixes fugiam com mais facilidade entre as vegetações embaixo da água, o que tornava a captura quase impossível. Em uma manhã escaldante de domingo, a família acordou e encontrou uma despensa dolorosamente vazia. Isso nunca havia acontecido antes.

— Não podemos levar nossa família à igreja hoje — disse Michele a Manoel. — As crianças estão com o estômago roncando. Você precisa sair para pescar.

Manoel me disse: "O Senhor cuidará de nós. Tenho certeza disso. Só precisamos ser fiéis."

Manoel insistiu que eles entrassem em sua canoa para irem todos à igreja, crendo que Deus proveria todas as necessidades. Michele não concordou com isso.

— Eu não achava que era a coisa certa a fazer — lembrou ela. — Eu não estava preocupada comigo mesma, mas com as crianças. É muito difícil ver seus filhos passando fome e pedindo comida. É aí que complica a coisa. Contudo, concordei em ir à igreja com Manoel. Então partimos em nossa pequena canoa, pequena mesmo, mas capaz de levar nós dois e nossos quatro filhos.

Depois do culto, pediram que Manoel ficasse para ajudar em outro culto, que aconteceria de tarde. Manoel ficou dividido, mas sentia uma paz de que o Senhor de alguma maneira proveria para a sua família.

— Respondi ao pastor que ficaria para ajudar — contou ele. — Michele me olhou com os olhos arregalados.

Nesse momento, Michele deu um pulo para contar a sua versão da história:

— Não consegui acreditar que ele faria aquilo. Eu tinha um temperamento muito explosivo e costumava dizer o que estava sentindo no momento, sem pensar antes. Nós dois éramos recém-convertidos. Mas, daquela vez, resolvi confiar na liderança de Manoel, embora não concordasse. Manoel me disse: "O Senhor cuidará de nós. Tenho certeza disso. Só precisamos ser fiéis."

Foi cativante ver os dois contando essa história porque, mesmo após todos esses anos, é possível notar o quanto eles se amam – como ele é amoroso com ela e como ela é apaixonada por ele. Mesmo nas fases mais difíceis, eles ajudam a elevar a fé um do outro. Às vezes é ela quem o apoia quando ele está fraco; em outras, é ele quem a lembra: "Deus proverá."

Após servir na igreja durante aquele domingo escaldante, Manoel e sua família subiram na pequena canoa e foram para casa, obviamente com mais fome do que quando foram para lá.

— Então, veja — contou Manoel. — Estávamos em nossa pequena canoa a caminho de casa quando, de repente, de dentro d'água, saltou um peixe enorme para dentro da canoa! Bem no pé de Michele. Ele tinha quase um metro de comprimento!

— É curioso como Deus faz o que lhe agrada — disse Michele. — Acredito que o Senhor o jogou bem no meu pé, porque queria ver a minha reação. — A paixão e as risadas eram contagiantes enquanto ela contava o resto da história. — O peixe se debatia pela canoa e eu tentava pegá-lo, me movendo o mínimo possível para que a canoa não virasse. Que bagunça! Finalmente consegui agarrá-lo e Manoel ficava repetindo para que eu segurasse firme e não o deixasse escapar.

Neste ponto da história, eu quis me certificar de que não estava perdendo nenhum detalhe importante por causa do tradutor. Afinal, era uma história sobre peixe, e essas histórias são conhecidas por suas licenças poéticas para o uso de exageros.

— Então, você está me dizendo que um peixe pulou dentro da sua canoa e vocês nem sequer estavam pescando?

— Exatamente! — exclamaram os dois. — Não estávamos pescando, estávamos apenas remando para casa no instante em que o peixe enorme pulou para fora da água e para dentro da nossa canoa.

— Segurei o peixe com toda a força enquanto Manoel remava até chegarmos à casa da minha sogra — continuou Michele. — Lá foi onde eu limpei o peixe e o preparei para as crianças. O peixe alimentou a nossa família toda durante uma semana!

— O quê?! — exclamei. Quem tem uma história como essa?

Eu estava rindo e chorando ao mesmo tempo; rindo porque a situação era engraçada, e chorando por causa da precisão e da bondade de Deus. Nunca tinha ouvido nada parecido.

As lágrimas escorriam pelo meu rosto, o meu rímel transformou-se em uma poça preta debaixo dos meus olhos (Por que insisto em usar rímel no meio da floresta? Isso é algo que ainda não consigo entender). Eu estava rindo e chorando ao mesmo tempo; rindo porque a situação era engraçada, e chorando por causa da precisão e da bondade de Deus. Nunca tinha ouvido nada parecido. Depois de me recompor, caneta na mão e caderno aberto, perguntei qual era aquele peixe que pulara em sua canoa. Queria saber até o menor dos detalhes.

— Era um peixe aruanã — respondeu Manoel, sem dar mais detalhes.

Poucos dias depois, Regina e eu fomos ao mercado de peixes em Manaus e descobrimos que o aruanã é uma iguaria muito valorizada e nada barata. Minha amiga brasileira Francie descreve esse peixe como a mãe de todos os peixes da Amazônia. Mas é claro que ele é! Quero dizer, se Deus for se dar ao trabalho de enviar o jantar diretamente de dentro d'água para a sua canoa, certamente o Senhor enviará o melhor. Eu deveria ter imaginado isso.

Um amigo disse recentemente:

— Se você nunca passou pelo deserto, então nunca experimentou o maná.

Quem precisa de alimentos "da terra à mesa" quando Deus pode enviá-los "do rio à canoa"?

Acredito que o mesmo seja verdadeiro na Amazônia. Se você nunca passou fome e precisou depender completamente do Senhor, provavelmente nunca experimentou receber um peixe voando da água para a sua canoa.

Fiquei ali sentada, completamente maravilhada com a história de Manoel e Michele sobre a provisão e o tempo de Deus. Fiquei imaginando qual seria o gosto de um peixe enviado diretamente das mãos do Senhor. Eu me perguntei se eles adoraram a Deus quando se sentaram para comer naquele dia. E me perguntei se algum dia eu também experimentaria algo tão glorioso ou se estaria disposta a suportar os sacrifícios que seriam necessários para experimentar tal milagre.

Ouso dizer que um pedaço de um peixe enviado pelas mãos de Deus é melhor do que qualquer outra coisa. Quem precisa de alimentos "da terra à mesa" quando Deus pode enviá-los "do rio à canoa"?

A cereja no bolo foi quando Manoel disse (de maneira muito trivial, devo acrescentar):

— Isso não foi tudo o que aconteceu, pois coisas ainda maiores o Senhor fez por nós.

Talvez essas histórias fiquem para um outro livro de receitas. As receitas da próxima seção são inspiradas em viagens à Amazônia, na hereditariedade riquíssima de Regina, do sul do Brasil, e em nosso grande amor pelo povo da floresta amazônica.

Incorporamos alguns dos pratos preferidos de Regina que podem ser adaptados com facilidade à minha cultura estadunidense. Quando você preparar e se sentar para comer essas receitas, lembre-se de orar pelas incontáveis pessoas, feitas à imagem e semelhança de Deus, que vivem na dependência diária da sua provisão na floresta amazônica.

E lembre-se de que nós, embora muitas vezes nos esqueçamos disso, também dependemos totalmente de Deus e que cada refeição que temos em nosso prato é pela sua graça e diretamente de suas mãos. Quer compremos o alimento no mercado, quer o plantemos em nossa horta ou ele pule do rio para a nossa canoa quando menos esperamos, o nosso Deus provê e sempre chega na hora certa. 🌺

Peixe Grelhado com Vinagrete (receita na página 148).

Salada Verde com Manga e Molho de Laranja (receita na página 149).

Sopa de Feijão Preto (receita na página 150).

PEIXE GRELHADO COM VINAGRETE

TEMPO DE PREPARO: 15 minutos (mais 1 hora de refrigeração) **| TEMPO DE COZIMENTO:** 20 minutos **|**
RENDIMENTO: 4 a 6 porções

Ingredientes:
VINAGRETE

2 dentes de alho picados

5 tomates italianos picados

½ cebola picada

1 ½ colher de sopa de azeite

Suco de 1 limão

Sal e pimenta a gosto

2 colheres de sopa de cebolinha picada

2 colheres de sopa de salsinha picada

PEIXE

1 peixe inteiro (cerca de 1kg de pargo ou robalo), limpo e sem escamas

Azeite ou manteiga

Sal e pimenta a gosto

2 limões cortados em rodelas

Raminhos de salsinha

Raminhos de estragão

2 dentes de alho picados

1 cebola cortada em fatias

MODO DE PREPARO:

1. **PARA FAZER O VINAGRETE:** Misture todos os ingredientes e deixe descansar na geladeira por 1 hora.

2. Acenda uma grelha ao ar livre.

3. Pincele todo o peixe com azeite e tempere generosamente com sal e pimenta por dentro e por fora. Na cavidade do peixe, adicione algumas rodelas de limão, salsinha, estragão, alho e cebola.

4. Pegue um cesto, pulverize-o generosamente com spray de cozinha para grelhar peixe. Arrume, cuidadosamente, o peixe no cesto, feche-a e leve-a à grelha. Regue com azeite ou manteiga. Grelhe por, aproximadamente, 10 minutos em fogo médio-alto. Vire o cesto e grelhe por mais 10 minutos.

5. Acomode o peixe em uma travessa e deixe-o descansar por 5 minutos. Regue com mais azeite e sirva-o com vinagrete

Regina: Na Amazônia, os peixes de rio são uma refeição básica e diária. Em nossas viagens missionárias, o cozinheiro adora servir tambaqui grelhado com molho vinagrete. O tambaqui é um peixe bem leve de carne branca que pode chegar a 1m de comprimento e pesar até 45kg. Tivemos a oportunidade de vê-los pessoalmente em um mercado de peixes em Manaus, e, posso garantir a você, eles são realmente peixes muito grandes! Embora esse peixe não possa ser encontrado nos Estados Unidos, nessa receita ele pode ser substituído por qualquer outro de sua preferência. É uma receita muito simples.

❖ *Imagem na página 146*

A HISTÓRIA DE UM GRANDE PEIXE DA AMAZÔNIA

SALADA VERDE COM MANGA E MOLHO DE LARANJA

TEMPO DE PREPARO: 20 minutos | **TEMPO DE COZIMENTO:** 0 minuto | **RENDIMENTO:** 4 a 6 porções

Ingredientes:
MOLHO DE LARANJA

¾ xícara de óleo vegetal

1 colher de sopa de açúcar

1 dente de alho picado

Sal e pimenta a gosto

4 colheres de sopa de vinagre de vinho tinto

1 laranja espremida (mantendo os pedaços da laranja

SALADA

4 xícaras de saladas variadas, de sua escolha

2 mangas descascadas e cortadas

2 colheres de sopa de nozes torradas

MODO DE PREPARO:

1. **PARA FAZER O MOLHO:** Misture óleo vegetal, açúcar, alho, sal, pimenta e vinagre, mexendo bem para incorporar todos os ingredientes. Adicione as laranjas e o suco de laranja. Conserve na geladeira.

2. Arrume as saladas em uma travessa e acrescente as fatias de manga por cima. Cubra tudo com o molho de laranja e as nozes torradas.

Imagem na página 147 ❖

SOPA DE FEIJÃO PRETO

TEMPO DE PREPARO: 10 minutos (mais uma noite de molho) | **TEMPO DE COZIMENTO:** 2 horas |
RENDIMENTO: 4 a 6 porções

Ingredientes:

2 xícaras de feijão preto

2 colheres de sopa de óleo vegetal

1 xícara de cebola picada

2 dentes de alho picados

½ xícara de cenouras cortadas em pedaços bem pequenos

Sal e pimenta a gosto

2 litros de água

Creme de leite azedo (sour cream)

Cebolinha picada ou coentro picado

MODO DE PREPARO:

1. Em uma tigela grande, adicione o feijão e cubra com água. Deixe de molho durante a noite.

2. Em uma panela grande, aqueça o óleo vegetal em fogo médio-alto. Acrescente a cebola e o alho e cozinhe até ficar macio. Em seguida, adicione as cenouras e cozinhe por, aproximadamente, 5 minutos.

3. Escorra o feijão e coloque na panela. Sal e pimenta a gosto.

4. Acrescente 2 litros de água e deixe cozinhar até o feijão ficar macio (cerca de 1 hora e meia). Despeje mais água, se necessário.

5. Bata tudo na panela com um mixer, ou passe tudo para um liquidificador, bata e retorne à panela. (Adicione água se estiver muito grosso para bater.)

6. Sirva quente com um pouco de creme de leite e polvilhe com cebolinha ou coentro.

❖ *Imagem na página 147*

SALPICÃO BRASILEIRO

TEMPO DE PREPARO: 20 minutos | **TEMPO DE COZIMENTO:** 20 minutos | **RENDIMENTO:** 4 a 6 porções

Ingredientes:

- 3 peitos de frango desfiados (ou frango assado de padaria)
- 2 colheres de sopa de azeite de oliva extravirgem
- 2 dentes de alho picados
- 1 cebola média cortada em cubos
- Sal e pimenta a gosto
- 2 colheres de sopa de salsinha picada
- 2 colheres de sopa de cebolinha picada
- 1 maçã média cortada à juliana
- 500g de cenoura picada à juliana
- 1 xícara de vagem cozida
- ½ xícara de aipo picado à juliana
- ½ xícara de pimentão amarelo ou vermelho cozido
- 1 xícara de maionese de sua preferência
- 1 ½ xícara de creme de leite azedo (sour cream)
- 1 pacote grande de batata palha

MODO DE PREPARO:

1. Em uma panela grande em fogo médio, doure os peitos de frango no azeite de oliva extravirgem por volta de 10 minutos de cada lado. Adicione o alho e a cebola e refogue por mais 1 minuto. Acrescente sal e pimenta a gosto. Assim que o frango estiver cozido, deixe esfriar e desfie a carne.

2. Em uma tigela grande, junte o frango desfiado com o resto dos ingredientes. Junte também maionese e creme de leite. Misture bem. Sirva gelado com batata palha à parte.

Regina: Esse salpicão é crocante e saboroso, servido sempre com batata palha. É uma ótima forma de saborear um prato cheio de vegetais coloridos! Se quiser economizar tempo, compre um frango assado já pronto e acrescente a batata palha só no final para que ela continue crocante.

Bife à Milanesa (Bife à Parmegiana) (receita na página 156).

Costelinhas de Porco com Parmesão (receita na página 157).

BIFE À MILANESA (BIFE À PARMEGIANA)

TEMPO DE PREPARO: 30 minutos | **TEMPO DE COZIMENTO:** 1 hora e meia | **RENDIMENTO:** 6 porções

Ingredientes:
MOLHO

1 cebola média picada

1 colher de sopa de azeite

1 pimentão verde sem semente e picado

1 dente grande de alho picado

1kg de tomate italiano sem sementes, descascados e cortados em cubos

1 colher de sopa de açúcar

Sal e pimenta a gosto

1 colher de sopa de manteiga

2 folhas grandes de manjericão picadas à juliana

BIFE

1 ½kg de bife de lombo cortado em fatias finas

Sal e pimenta a gosto

1 ½ xícara de farinha de trigo para fazer a milanesa

5 ovos

2 a 3 xícaras de farinha de rosca

3 colheres de sopa de óleo de canola

12 a 15 fatias de queijo provolone

MODO DE PREPARO:

1. **PARA FAZER O MOLHO:** Em uma panela, com o fogo médio-alto, refogue a cebola no azeite até que fique translúcida. Adicione o pimentão verde e refogue por mais 5 minutos até ficar ligeiramente macio.

2. Acrescente o alho, os tomates, o açúcar, o sal e a pimenta e cozinhe por cerca de 1 hora em fogo médio.

3. Quando estiver pronto, coloque uma colher de sopa de manteiga e as folhas de manjericão picadas. Reserve.

4. **PARA FAZER OS BIFES:** Tempere os bifes com sal e pimenta a gosto. Arrume os bifes entre plástico filme ou papel manteiga e soque-os para amaciar. (Reza a lenda que os restaurantes socam os bifes até eles ficarem bem finos para que fiquem maiores e mais macios.)

5. Em três tigelas ou recipientes de plástico, disponha a farinha de trigo, os ovos e a farinha de rosca.

6. Para empanar cada bife, passe-os primeiro na farinha de trigo e sacuda para retirar o excesso. Em seguida, mergulhe-os nos ovos batidos e deixe o excesso escorrer antes de passá-los, por fim, na farinha de rosca. Pressione bem os bifes na farinha de rosca e empilhe-os em um prato.

7. Em fogo alto, frite os bifes no óleo de canola até dourar. Ponha-os em uma bandeja sobre papel toalha para secar o óleo e cubra-os com meia fatia de queijo provolone enquanto ainda estiverem quentes. Despeje o molho de tomate caseiro sobre os bifes e sirva-os com arroz.

Regina: Os homens da minha família, meu marido ou meu genro, sempre pedem bife à milanesa, tanto em dias comuns quanto em ocasiões especiais! Esse também foi um dos pratos preferidos do meu pai durante muitos anos.

❖ *Imagem na página 154*

COSTELINHAS DE PORCO COM PARMESÃO

TEMPO DE PREPARO: 45 minutos (mais 1 hora de refrigeração) | **TEMPO DE COZIMENTO:** 20 a 30 minutos | **RENDIMENTO:** 4 a 6 porções

Ingredientes:

2 dentes de alho picados

1 cebola pequena picada

2 colheres de sopa de suco de limão

2 colheres de sopa de azeite

½ colher de chá de sal

½ colher de chá de pimenta

1kg de costelinhas, cortadas individualmente

1 xícara de queijo parmesão ralado

1 xícara de farinha de rosca

MODO DE PREPARO:

1. Pré-aqueça o forno a 180 graus.
2. Em uma tigela pequena, misture o alho, a cebola, o suco de limão, o azeite, o sal e a pimenta. Passe as costelinhas, individualmente, nessa mistura. Cubra-as e leve à geladeira por 1 hora.
3. Junte o queijo parmesão e a farinha de rosca em um recipiente e passe cada costelinha na mistura. Arrume as costelas em uma assadeira e asse por 20 a 30 minutos, ou até ficarem macias e crocantes.

Imagem na página 155 ❖

FEIJOADA

TEMPO DE PREPARO: 20 minutos (mais uma noite de molho) | **TEMPO DE COZIMENTO:** 2 horas | **RENDIMENTO:** 6 a 8 porções

Ingredientes:

- 2 xícaras de feijão preto
- 2 colheres de sopa de azeite
- 4 fatias de bacon cortadas em pedaços pequenos
- 1 xícara de cebola picada

- 4 dentes de alho grandes e picados
- 1 folha de louro
- Sal e pimenta a gosto
- Linguiças cortadas em cubos
- 500g de costelas de porco desossadas e defumadas, cortadas em cubos

- 2 pés de porco defumados
- ½ xícara de cebolinha picada
- Fatias de laranja
- **Opcional:** Pimenta a gosto

MODO DE PREPARO:

1. Coloque o feijão em uma tigela grande e cubra-o com água. Deixe de molho durante a noite.

2. No dia seguinte, escorra o feijão preto e acomode-o em uma panela grande. Cubra-o com água e cozinhe por, aproximadamente, 30 minutos.

3. Em uma frigideira grande, adicione uma colher de sopa de azeite e frite os pedaços de bacon até ficarem crocantes. Acrescente as cebolas e o alho e refogue por cerca de 4 minutos. Jogue a mistura sobre o feijão. Coloque também a folha de louro, o sal e a pimenta.

4. Em seguida, adicione as carnes e cozinhe até o feijão ficar macio.

5. Retire os pés de porco do feijão, tire a carne e descarte o resto. Corte a carne em cubos e retorne-a à panela.

6. Antes de servir, cubra com cebolinha.

7. Comporte o feijão por cima do arroz e sirva com fatias de laranja, couve frita e farofa (ver página 160).

ARROZ

- 2 colheres de sopa de óleo vegetal
- ¼ cebola cortada em cubos
- ½ dente de alho picado
- 2 xícaras de arroz branco
- 4 xícaras de água
- Sal

MODO DE PREPARO:

1. Aqueça, no fogo médio-baixo, o óleo vegetal em uma panela. Adicione a cebola e o alho. Mexa até ficar macio. Acrescente o arroz e cozinhe por volta de 3 minutos. Revolva em água fervente com sal.

2. Reduza o fogo, tampe a panela e cozinhe até o arroz amolecer – de 20 a 30 minutos.

COUVE FRITA COM BACON

2 folhas de couve lavadas sem caule

3 fatias de bacon bem finas

1 colher de sopa de azeite

1 dente de alho picado

Sal e pimenta a gosto

MODO DE PREPARO:

1. Corte a couve à juliana, bem fina.
2. Em uma frigideira, frite os pedaços de bacon até ficarem crocantes. Adicione o azeite e aqueça-o. Em seguida, junte o alho e a couve e frite em fogo médio-alto, mexendo sempre por cerca de 10 minutos. A couve reduzirá bastante de tamanho após o cozimento. Acrescente sal e pimenta a gosto.

FAROFA

4 colheres de sopa de manteiga

2 xícaras de farinha de mandioca

1 dente de alho picado

Sal e pimenta a gosto

MODO DE PREPARO:

1. Em uma panela pequena, derreta a manteiga até dourar levemente, acrescente o alho e refogue por apenas 1 minuto. Adicione a farinha e mexa constantemente, tomando cuidado para não queimar. Coloque sal e pimenta a gosto.

Regina: A feijoada é uma deliciosa mistura de carnes com feijão que é tradicionalmente servida por cima do arroz com fatias de laranja, couve frita e farofa (farinha de mandioca torrada com manteiga de alho e sal). A receita original utiliza todas as partes do porco, mas nós a adaptamos para facilitar a compra dos ingredientes no mercado.

❖ *Imagem na página 158*

MOLHO DE PIMENTA DO ZOZO

TEMPO DE PREPARO: 20 minutos | **TEMPO DE COZIMENTO:** descansar descoberto por 2 horas; levar à geladeira por 2 dias | **RENDIMENTO:** 6 a 8 porções

Ingredientes:

500g de pimenta (malagueta, dedo-de-moça, habañero, pimenta caiena ou qualquer outra pimenta ardente)

3 dentes de alho

1 cebola grande cortada em quartos

2 colheres de sopa de vinagre de vinho tinto

½ xícara de cebolinha picada

½ xícara de salsinha picada

Sal e pimenta a gosto

½ xícara de azeite de oliva

MODO DE PREPARO:

1. Adicione todos os ingredientes, exceto o azeite de oliva, no processador de alimentos e processe até obter um molho bem fino.

2. Despeje o molho em uma jarra de vidro e cubra-o com azeite, cerca de 3cm sobre o molho. Deixe descansar descoberto por 2 horas.

3. Feche bem a jarra e leve à geladeira. Após 2 dias estará pronto para usar.

Regina: Essa é a receita de molho picante patenteada do meu pai. Eu vendia esse molho em feirinhas de produtos naturais no Brasil. Adicione-o a qualquer receita para apimentar o sabor!

Imagem na página 158 ❖

Pudim da Vilma (receita na página 164).

Mousse de Maracujá (receita na página 165).

Brigadeiro (receita na página 166).

PUDIM DA VILMA

TEMPO DE PREPARO: 15 minutos | **TEMPO DE COZIMENTO:** 2 horas | **RENDIMENTO:** 16 porções

Ingredientes:

1 ½ xícara de açúcar

2 xícaras de água

1 lata de leite condensado

1 ½ xícara de leite integral

5 ovos

½ colher de chá de baunilha

MODO DE PREPARO:

1. Pré-aqueça o forno a 180 graus.

2. Em uma panela pequena, em fogo médio, derreta o açúcar na água, mexendo sempre até atingir a consistência e a cor de um caramelo.

3. Despeje o molho em uma assadeira redonda de pudim de 20cm (daquelas para fazer banho-maria). Se não conseguir encontrar uma assadeira assim, pode usar ramequins individuais. Vá virando a panela ao derramar o caramelo a fim de cobrir completamente o fundo e as laterais.

4. Misture todos os ingredientes restantes no liquidificador até incorporar bem. Entorne a mistura sobre a assadeira coberta com caramelo. Cubra e leve ao forno em banho-maria de 45 minutos a 1 hora, ou até que o pudim se firme.

5. Se utilizar ramequins, divida a mistura igualmente entre eles, arrume-os em uma assadeira e encha-a com água quente até cerca de 2,5cm do topo dos ramequins. Deixe o pudim esfriar completamente na geladeira.

DICA: Quando estiver pronto para servir, coloque a panela em banho-maria por, aproximadamente, 3 minutos para soltar o caramelo. Com os ramequins, passe uma faca ao redor da borda externa para soltar um pouco. Quando o pudim se soltar da assadeira, cubra-o com um prato e vire. Ele cairá sobre o prato com todo o caramelo derretido por cima... delícia!

Regina: Essa receita é um clássico na minha família. Uma das preferidas do meu marido e uma das sobremesas mais pedidas por todos os membros da família.

❖ *Imagem na página 162*

MOUSSE DE MARACUJÁ

TEMPO DE PREPARO: 10 minutos | **TEMPO DE COZIMENTO:** em torno de 2 horas de refrigeração | **RENDIMENTO:** 4 a 6 porções

Ingredientes:

1 lata de leite condensado

1 lata de creme de leite

1 ½ lata de suco de maracujá (use a lata de leite condensado para medir)

MODO DE PREPARO:

1. Bata todos os ingredientes no liquidificador até misturar bem.
2. Transfira a mistura para uma vasilha e leve à geladeira até ficar firme.
3. Retire e despeje em uma tigela ou em ramequins individuais. Decore com a polpa do maracujá fresco.

BRIGADEIRO

TEMPO DE PREPARO: 15 minutos | **TEMPO DE COZIMENTO:** 10 a 15 minutos (mais 1 hora para esfriar) | **RENDIMENTO:** 18 porções

Ingredientes:

VERSÃO DE CHOCOLATE

1 lata de leite condensado

3 colheres de sopa de cacau em pó

2 colheres de sopa de manteiga sem sal

Granulado de chocolate

MODO DE PREPARO:

1. Misture o leite condensado, o cacau em pó e a manteiga em uma panela até ferver. Reduza para fogo baixo e continue cozinhando. Mexa sem parar até que a mistura engrosse e se solte do fundo da panela e das laterais quando a panela for inclinada. Tempo estimado: cerca de 10 a 15 minutos.

2. Retire do fogo e deixe a massa do brigadeiro esfriar até a temperatura ambiente, o que deve ocorrer em torno de 1 hora.

3. Use uma colher de chá para retirar quantidades da mistura e formar bolinhas com as mãos untadas.

4. Espalhe granulado de chocolate em um prato raso. Mergulhe e enrole os brigadeiros no granulado.

VERSÃO DE COCO: BEIJINHO

1 lata de leite condensado

200g de coco ralado, sem açúcar

1 gema de ovo

2 colheres de sopa de manteiga sem sal

Açúcar cristal para enrolar

MODO DE PREPARO:

1. Misture o leite condensado, o coco ralado, a gema de ovo e a manteiga em uma panela até ferver. Reduza para fogo baixo e continue cozinhando. Mexa sem parar até que a mistura engrosse e se solte do fundo da panela e das laterais quando a panela for inclinada. Tempo estimado: de 10 a 15 minutos.

2. Retire do fogo e deixe a massa do brigadeiro esfriar até a temperatura ambiente, o que deve ocorrer em 1 hora, aproximadamente.

3. Use uma colher de chá para retirar quantidades da mistura e formar bolinhas com as mãos untadas.

4. Espalhe o açúcar cristal em um prato raso. Mergulhe e enrole os brigadeiros nele.

❖ *Imagem na página 163*

CAFÉ DA MANHÃ E A ARTE DA HOSPITALIDADE

Cozinhar, para mim, sempre foi uma questão de comunhão. Sei que não é assim para todo mundo. Conheço algumas pessoas que ficam tão felizes em cozinhar para elas mesmas quanto para um grupo de pessoas. Respeito isso, mas com certeza não sou assim.

É mais ou menos como o velho ditado: Se uma árvore cai no meio da floresta sem ninguém para ouvir, será, então, que a queda fez algum barulho? Mas, no meu caso, a pergunta é: Se você preparar uma refeição em sua cozinha e não tiver ninguém ali para comê-la, não é melhor tomar um iogurte e ir dormir? Sei, sei: isso pode ser sintoma de algo mais profundo em minha vida. Ou, talvez, eu simplesmente sempre tenha enxergado as refeições como algo que necessite de um componente adicional de comunhão para ganhar vida.

Não preciso necessariamente de *companhia* para cozinhar. Você provavelmente nunca viu alguém cortar cenouras, aipo e cebolas tão feliz sozinha quanto eu em uma tarde de sábado – desde que eu saiba que mais tarde virá alguém para comer comigo. É tudo uma questão de expectativa.

Cada movimento da colher ou golpe da faca é uma antecipação daquele momento em que todos entrarão pela porta da minha casa e irão direto para a cozinha. Se o resultado da minha tarde cozinhando for uma mesa cheia de gente, ou alguns amigos na bancada da minha cozinha – ou mesmo apenas uma pessoa –, então cozinhar sozinha não me traz qualquer sentimento de solidão.

Felizmente, meus amigos compartilham desse prazer por cozinhar e dividir as refeições. É uma das nossas atividades preferidas. Frequentemente tentamos estar atentos a estender convites para além do nosso grupo de costume. Muitas vezes convites de última hora para aqueles que parecem necessitar de uma boa refeição ou simplesmente de companhia. Minha amiga April leva muito jeito para isso. "Quanto mais gente, melhor", é o seu lema. E, em alguns casos, quanto mais estranho, melhor. (Se você já foi convidada para a casa dela, não leve para o lado pessoal.)

De vez em quando, April prepara um brunch de domingo bem elaborado, que gostamos de chamar de *O Brunch Dominical da April*. Inventei esse nome quando, um dia, estávamos insistindo que ela deveria abrir um restaurante de café da manhã. Foi uma ideia muito empolgante para todos, menos para April. A ideia durou pouco, mas o nome pegou.

Quando April decide, geralmente na noite anterior, que fará um brunch no dia seguinte, ela avisa os amigos e a família. Caso tenha recebido o convite, então existe uma expectativa velada de que se você vir alguém solitário na igreja, se tiver um convidado em sua casa, se encontrar seu vizinho e ele não tiver planos para aquele dia, ou se

---

Caso tenha recebido o convite, então existe uma expectativa velada de que se você vir alguém solitário na igreja, se tiver um convidado em sua casa, se encontrar seu vizinho e ele não tiver planos para aquele dia, ou se o seu animal de estimação estiver triste, eles também estão convidados.

---

o seu animal de estimação estiver triste, eles também estão convidados para o brunch de domingo da April.

Você nem precisa dizer a April com antecedência que estará levando um convidado. Ela sempre tem pães, ovos mexidos, torradas e café à vontade para todos. Também há sempre uma cadeira extra em algum lugar para ser acrescentada à mesa.

Essa abordagem me estressa um pouco, para falar a verdade, mas devo admitir que não sou uma pessoa muito flexível. Amo cozinhar sem compromisso para amigos e familiares próximos, mas se a lista de convidados se estender para além disso, confesso que fico um pouco ansiosa. April me ajudou a aprender a relaxar, a ir um pouco além do que estou acostumada e a escolher ingredientes de qualidade, porém simples.

No livro de receitas de Ida Garten, *Cooking for Jeffrey (Cozinhando para Jeffrey)*, ela colocou da seguinte maneira: "Em vez das refeições elaboradas que eu costumava preparar para os jantares, descobri que as pessoas gostavam mesmo era de uma comida caseira simples."* April entende isso por natureza. Ela está sempre me lembrando: "Não se estresse. Pegue uma cadeira extra. Dê um abraço caloroso em seus convidados. Sirva-lhes uma panqueca gostosa e um café com leite e eles se sentirão amados e bem-vindos em sua casa. Você não precisa complicar a situação."

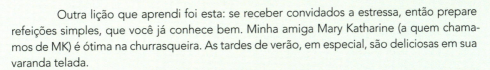

Outra lição que aprendi foi esta: se receber convidados a estressa, então prepare refeições simples, que você já conhece bem. Minha amiga Mary Katharine (a quem chamamos de MK) é ótima na churrasqueira. As tardes de verão, em especial, são deliciosas em sua varanda telada.

Frango assado, costela de carne, mahi, coxa de frango e legumes grelhados são os cheiros e as imagens que me vêm à mente quando lembro das nossas reuniões em sua varanda de teto alto. (O cenário é tão confortável e aconchegante e a sua hospitalidade tão convidativa que, quando meus pais visitam minha cidade – meus próprios pais, minha carne e osso, não se esqueça –, eles ficam hospedados na casa dela, em vez de ficarem na minha. Não sei o que posso fazer em relação a isso, a não ser construir uma varanda igual à dela.)

Apesar de MK ser um pouco menos espontânea do que April e eu, ela consegue acomodar convidados de última hora com facilidade, porque se sente confortável preparando alimentos em sua churrasqueira. O que são algumas coxas de frango a mais quando você sabe muito bem o que está fazendo?

Embora o *modus operandi* de April seja: "Que tal assarmos uma coxa de cordeiro nas próximas duas horas e convidarmos um número surpresa de pessoas para nos acompanhar?", MK gosta de um pouco mais de estrutura, do tipo que inclui um número seleto de pessoas e um menu fixo.

Contudo, também preciso destacar que MK é a diretora executiva da Justice & Mercy International, e diretores executivos não são famosos por sua espontaneidade. April, por outro lado, é uma produtora de vídeo que dirige uma Vespa azul-claro. Elas são mulheres muito diferentes que também vestem o avental da hospitalidade de maneiras distintas.

Eu talvez esteja no meio dessas duas. Não sou uma grande organizadora, mas também não sou muito espontânea, o que me coloca na categoria de pessoa frustrante para muita gente. Em minha defesa, acredito que é por isso que gosto tanto de fazer sopa. É algo simples e previsível, mas também pode servir muito bem a praticamente qualquer número de convidados extras que possam aparecer.

Ao considerarmos as diferentes personalidades e contribuições quando se trata de hospitalidade, não podemos esquecer de um grupo especial: aqueles que não cozinham. No entanto, essas mesma pessoas ficam felizes em comprar, no supermercado, itens que possam ter esquecido, lavar a louça depois da refeição e entreter os outros convidados com conversas animadas enquanto você corre pela cozinha com seus cabelos em chamas. Minha amiga Paige é assim. Ela está sempre disponível e disposta a ajudar quando precisamos – só não peça que ela cozinhe alguma coisa.

É sempre bom ter vários tipos diferentes de amigos e familiares quando se trata da arte de receber. Se tivesse que resumir o meu peculiar mundo culinário, eu diria que April serve brunches de alto nível, enquanto Mary Katharine pode preparar qualquer coisa em sua churrasqueira.

Paige contribui com sua personalidade extremamente divertida e uma excelente disposição para lavar a louça. A minha contribuição é preparar pratos de massa à base de tomate, sopas feitas com caldo caseiro e plantar os meus próprios aspargos. Todos os tipos são necessários. O que me traz muita gratidão é o fato de nós termos duas coisas em comum: amor pela boa comida e prazer na comunhão e na inclusão das pessoas.

Já tive experiências em que me senti excluída de algum grupo, e também experiências em que eu fazia parte do grupo "popular", enquanto outras pessoas se sentiam excluí-

---

Todas nós temos duas coisas em comum: amor pela boa comida e prazer na comunhão e na inclusão das pessoas.

---

das dele. Em determinado momento da vida, vi que não desejava fazer parte do último grupo, jamais.

O Senhor encorajou-me a abrir as portas da minha casa e a receber as pessoas.

Tomei uma decisão consciente de que, quer fosse café da manhã com bolinhos na varanda, quer fosse uma sopa de tortilla para assistir ao jogo de futebol, se meus amigos e eu soubéssemos de alguém que gostaria de ser convidado para comer ou desfrutar da comunhão com outras pessoas, então sempre arrumaríamos um lugar à mesa. Não posso afirmar que fico sempre feliz em ter que organizar as coisas de última hora e que, às vezes, não preciso trabalhar em meu humor e boa disposição. Contudo, tentamos ajudar uns aos outros quando se trata de abrir nossas casas e mesas para qualquer um que precise do acolhimento de uma boa refeição.

Também busco ter em mente algumas oportunidades de receber pessoas que não fazem parte do meu círculo imediato. Tento convidar aquelas pessoas que podem não ser capazes de retribuir de nenhuma forma. Quando estamos acostumados a convidar apenas o "nosso grupo" de amigos, é preciso se esforçar intencionalmente para fazer diferente.

Em Lucas 14.12-14, lemos a história cativante sobre quando Jesus se sentou à mesa para jantar com os fariseus (os líderes religiosos judeus da época). Cristo percebeu que eles estavam escolhendo os lugares de honra à mesa. Depois de criticar essa atitude, Jesus foi além. Ele disse que quando dessem um jantar, deveriam convidar justamente as pessoas que jamais poderiam lhes retribuir o favor, aquelas que não faziam parte de seu círculo social. Ele disse que convidassem os doentes e os pobres, aqueles que estavam à margem da sociedade. As pessoas que não tinham nada para dar em troca.

Para nós hoje, isso pode significar convidar aquela pessoa que fala alto demais, aquele cara esquisito ou aquela moça pessimista e excessivamente crítica. Sei o que está pensando: isso pode estragar completamente a reunião. Mas acredito que Jesus falou sério ao dizer que esse era o certo a se fazer. E ele espera que seus seguidores sigam a sua instrução – tanto naquele tempo quanto no atual.

Não significa, é claro, que nunca devamos convidar os familiares ou os amigos que, com certeza, proporcionarão uma reunião divertida, com muitas risadas noite adentro.

Ah, as refeições que Jesus fez com os amigos... O dom da amizade e da comunhão são alguns dos maiores presentes de Deus para nós, portanto devemos desfrutar deles e promovê-los com alegria. Não podemos, entretanto, nos esquecer daqueles que são muitas vezes preteridos, ignorados e não possuem uma casa onde possam ser recebidos para compartilhar de uma refeição caseira. Realmente acredito que o Senhor abençoa esse tipo de hospitalidade.

Eu quis incluir uma seção com receitas para o café da manhã, porque o brunch tem sido um momento muito especial de comunhão para mim. Quando é o brunch na casa

---

O dom da amizade e da comunhão são alguns dos maiores presentes de Deus para nós, portanto devemos desfrutar deles e promovê-los com alegria.

---

da April, normalmente acontece depois da igreja, naturalmente dando início a discussões animadas sobre a pregação daquela manhã e sobre como aquelas verdades podem ser aplicadas em nossa vida. Will e Harper adoram girar nos banquinhos vintage da bancada na casa de April enquanto comem fatias de bolo e ovos mexidos. Sem dúvida, eles absorvem o que significa comer em comunidade e ter sempre um lugar à mesa para alguém que possa precisar.

Não sei qual é a sua especialidade culinária, mas nunca subestime a bênção que é uma refeição caseira para alguém que realmente precisa de uma. Quer dirija uma Vespa ou um negócio, quer faça uma excelente canja de galinha ou não saiba cozinhar (mas consiga ser uma pessoa divertida), sempre existe alguém que necessita do que só você pode levar à mesa. ❧

---

* Ida Garten, *Cooking for Jeffrey (Cozinhando para Jeffrey)*. New York: Clarkson Potter, 2016, 133.

Granola da Kristin (receita na página 178).

Aveia Caseira (receita na página 179).

Muffins de Morango Fresco (receita na página 180).

GRANOLA DA KRISTIN

TEMPO DE PREPARO: 35 minutos | **TEMPO DE COZIMENTO:** 1 hora | **RENDIMENTO:** 12 porções ou mais

Ingredientes:

6 xícaras de aveia (aveia normal)

⅓ xícara de gérmen de trigo

½ xícara de sementes de girassol

1 xícara de amêndoas lascadas

½ xícara de amêndoas inteiras

¼ xícara de açúcar mascavo

½ colher de chá de sal

½ xícara de chips de coco cru

½ xícara de mel

⅓ xícara de água

½ xícara de óleo vegetal

2 colheres de chá de essência de baunilha

MODO DE PREPARO:

1. Pré-aqueça o forno a 180 graus.
2. Misture os 8 primeiros ingredientes em uma tigela grande.
3. Junte o mel, a água, o óleo vegetal e a baunilha em uma vasilha pequena separada. Depois, adicione os ingredientes secos, acrescentando mais mel se necessário.
4. Unte duas panelas de 20cm x 30cm. Asse a mistura da granola por aproximadamente 1 hora, mexendo a cada 15 minutos (Observe atentamente no final!)
5. Deixe esfriar completamente e guarde em um recipiente hermético.

Kelly: Essa receita de granola é ótima para ser servida por cima de iogurte grego. Finalize com mel e algumas frutas frescas, se desejar.

❖ *Imagem na página 176*

AVEIA CASEIRA

TEMPO DE PREPARO: 30 minutos | **TEMPO DE COZIMENTO:** 0 minuto | **RENDIMENTO:** 4 porções

Ingredientes:

2 xícaras de aveia

2 ¼ xícaras de leite de amêndoas

2 colheres de sopa de sementes de chia

1 colher de sopa de sementes de linhaça

3 colheres de sopa de manteiga de amendoim

2 colheres de sopa de mel

1 colher de sopa de agave

1 banana fatiada

½ xícara de nozes, ou amendoins torrados e picados

Opcional: 3 colheres de sopa de cacau em pó e pedaços de chocolate, a gosto

MODO DE PREPARO:

1. Coloque aveia, leite de amêndoas, sementes de chia, sementes de linhaça, manteiga de amendoim, mel e agave em uma tigela. Mexa bem. Divida a mistura em 4 jarras ou potes. Leve à geladeira e deixe descansar durante a noite.

2. Retire da geladeira e sirva frio. Cubra com fatias de banana (ou qualquer fruta de sua preferência) e nozes, ou amendoins.

OBSERVAÇÃO: Para fazer uma receita de chocolate, adicione 3 colheres de sopa de cacau em pó e alguns pedaços de chocolate.

MUFFINS DE MORANGO FRESCO

TEMPO DE PREPARO: 30 minutos | **TEMPO DE COZIMENTO:** 25 a 35 minutos | **RENDIMENTO:** 12 porções

Ingredientes:

2 xícaras de farinha de trigo

¼ colher de chá de sal

1 colher de sopa de fermento em pó

1 xícara de açúcar

1 xícara de creme de leite azedo (sour cream)

4 colheres de sopa de manteiga, derretida

1 ovo grande

1 xícara de morangos lavados e secos, cortados em cubos

Opcional: você pode substituir o morango por mirtilo ou banana.

MODO DE PREPARO:

1. Pré-aqueça o forno a 180 graus.
2. Em uma tigela, misture bem a farinha, o sal e o fermento.
3. Em outra vasilha, coloque o açúcar e o creme de leite e revolva bastante. Adicione a manteiga derretida e mexa. Em seguida, acrescente o ovo e misture bem.
4. Jogue os morangos na mistura de farinha e mexa delicadamente até incorporar. Adicione a mistura de açúcar à mistura de farinha com apenas algumas mexidas para juntar tudo.
5. Unte com manteiga ou borrife 12 forminhas de muffin. (Você também pode usar forros de muffin.)
6. Acomode porções iguais em cada forma de muffin.
7. Leve ao forno por cerca de 25 a 35 minutos, ou até que eles estejam dourados e um palito inserido na massa saia seco.

Kelly: Essa é basicamente uma receita de cupcake, mas me sinto muito melhor quando chamo de muffin. Amo essa receita porque o creme de leite impede que os muffins fiquem secos ou quebradiços. Você pode prepará-la em qualquer estação, basta substituir os morangos por outras frutas frescas.

❖ *Imagem na página 177*

TIGELA DE BATATA-DOCE, COUVE E OVOS DA APRIL

TEMPO DE PREPARO: 40 minutos | **TEMPO DE COZIMENTO:** 30 a 40 minutos | **RENDIMENTO:** 4 a 6 porções

Ingredientes:

4 a 5 batatas doces grandes, cortadas em cubos

1 colher de sopa de azeite

Um punhado de páprica

Sal e pimenta a gosto

500g de linguiça de porco cozida

500g de bacon

900g a 1kg de couve ou espinafre lavado

12 ovos

2 a 3 abacates descascados, sem caroço e fatiados

MODO DE PREPARO:

1. Pré-aqueça o forno a 190 graus.

2. Em uma tigela grande, misture as batatas-doces com azeite, páprica, sal e pimenta. Adicione a linguiça cozida e misture bem. Coloque tudo em uma assadeira e leve ao forno por 30 a 40 minutos, virando a mistura de vez em quando. Tenha cuidado para não a deixar muito crocante.

3. Quando a mistura de batatas estiver no forno por 10 minutos, pegue outra assadeira, espalhe o bacon e leve ao forno por 20 minutos.

4. Em uma frigideira média, refogue a couve ou o espinafre com 1 colher de chá de azeite, bem rápido, por aproximadamente 3 a 4 minutos.

5. Quando tudo estiver quase pronto, comece a preparar os ovos, que podem ser mexidos, fritos ou escalfados.

6. Ponha uma porção generosa da mistura de batata-doce em uma tigela. Adicione os ovos, depois 2 fatias de bacon crocante e finalize com uma boa colher de couve ou espinafre. Cubra com fatias de abacate.

Kelly: Esse é o nosso prato preferido para o brunch de domingo. Minha amiga April serve esse prato em porções individuais. Essa refeição rica em proteína também fica ótima servida com pratos mais doces, como panquecas, bolos ou donuts.

Burrito Mexicano (receita na página 186).

Omelete de Tomate Seco com Queijo de Cabra (receita na página 187).

BURRITO MEXICANO

TEMPO DE PREPARO: 25 minutos (mais 5 horas de refrigeração) **| TEMPO DE COZIMENTO:** 15 minutos **|**
RENDIMENTO: 4 porções

Ingredientes:
MOLHO

2 dentes de alho picados

5 tomates italianos cortados

2 pimentões vermelhos, sem sementes e cortados em pedaços pequenos

2 jalapeños, sem sementes e picadas

½ cebola picada

1 ½ colher de sopa de azeite

Suco de 1 limão

Pimenta em pó a gosto

Sal e pimenta a gosto

Cebolinha, salsinha ou coentro picados a gosto

BURRITO

230g de linguiça

1 colher de chá de azeite

8 ovos

1 colher de sopa de creme de leite fresco

Sal e pimenta a gosto

2 colheres de sopa de manteiga

4 tortillas de farinha de trigo

1 xícara de queijo Grana Padano, ralado

1 abacate grande, descascado, sem caroço e fatiado

Opcional: 1 colher de sopa de cebolinha picada

MODO DE PREPARO:

1. **PARA FAZER O MOLHO:** Misture todos os ingredientes e deixe descansar na geladeira por 5 horas.

2. **PARA FAZER O BURRITO:** Cozinhe a linguiça de sua preferência em uma frigideira, com azeite, em fogo médio-alto. Mexa e quebre a carne até cozinhar por completo. Retire do fogo e cubra para manter aquecido.

3. Bata os ovos, o creme de leite, o sal e a pimenta. Derreta a manteiga em uma frigideira. Adicione os ovos e mexa para cozinhar por completo. Retire do fogo.

4. Coloque as tortillas em uma folha grande de papel manteiga. Pegue um quarto de cada: da linguiça, dos ovos, do queijo, dos abacates e da salsinha – a gosto. Dobre a parte inferior da tortilla sobre a maior parte do recheio e, em seguida, vire as laterais, sobrepondo o recheio. Enrole uma folha pequena de papel manteiga em volta do burrito e amarre-o com um barbante colorido. Sirva quente.

❖ *Imagem na página 184*

OMELETE DE TOMATE SECO COM QUEIJO DE CABRA

TEMPO DE PREPARO: 10 minutos | **TEMPO DE COZIMENTO:** 20 minutos | **RENDIMENTO:** 4 a 6 porções

Ingredientes:

6 ovos

1 xícara de leite

Sal e pimenta a gosto

100g de queijo de cabra, partido em pedaços grandes

¼ xícara de azeite – e mais para regar

2 dentes de alho picados

1 ½ xícara de tomates secos

4 xícaras de rúcula picadas grosseiramente

MODO DE PREPARO:

1. Pré-aqueça o forno a 190 graus.

2. Em uma tigela grande, bata os ovos e o leite até ficar homogêneo. Tempere com sal e pimenta a gosto. Adicione o queijo de cabra e mexa um pouco, apenas para cobri-lo com a mistura. Reserve o molho.

3. Aqueça ¼ de xícara de azeite em uma frigideira grande que possa ir ao forno, em fogo médio. Acrescente o alho e refogue-o por volta de 1 minuto. Junte também os tomates secos e 3 ½ xícaras de rúcula, mexendo por 1 minuto.

4. Despeje a mistura de ovos sobre os ingredientes da frigideira e cozinhe por aproximadamente 5 minutos ou até que os ovos comecem a firmar.

5. Transfira a frigideira para o forno pré-aquecido e asse por cerca de 10 a 15 minutos ou até que a omelete esteja firme e levemente dourada por cima. Retire do forno e deixe descansar por 5 minutos. Jogue em cima da omelete a meia xícara restante de rúcula e regue com azeite. Corte em fatias e sirva.

FESTA DO CREPE

TEMPO DE PREPARO: 30 minutos (mais 30 minutos para refrigeração) | **TEMPO DE COZIMENTO:** 20 minutos |
RENDIMENTO: 6 a 8 porções

Ingredientes:
CREPE

- 6 colheres de sopa de manteiga sem sal
- 1 ½ xícara de farinha de trigo
- 1 colher de sopa de açúcar
- ¼ colher de chá de sal
- 4 ovos grandes
- 1 ½ xícara de leite, ou mais, se necessário

IDEIAS PARA RECHEIO E COBERTURA

- Maçãs cortadas em fatias finas com pedaços de queijo brie
- Ganache de chocolate com chantilly e morangos fatiados
- Creme de avelã com pedaços de avelã e creme de leite fresco
- Banana com ganache de chocolate
- Banana com avelã
- Pêssegos com chantilly
- Espinafre salteado com alho e azeite e queijo ralado com molho bechamel
- Fatias de presunto e queijo
- Espinafre, frango e queijo de cabra
- Açúcar de confeiteiro, cobertura de chocolate ou ervas para decorar

MODO DE PREPARO:

1. Derreta a manteiga no micro-ondas por 1 minuto e reserve.

2. Em uma tigela grande, adicione a farinha, o açúcar e o sal. Faça um buraco no meio da massa e acomode os ovos. Bata bastante até misturar bem. Despeje metade do leite sobre os ovos e bata constantemente para evitar a formação de pedaços. Continue acrescentando o restante do leite. Misture tudo até obter uma massa homogênea. Aos poucos, adicione a manteiga. Nesse ponto, a massa estará com a consistência de um creme fino. Cubra e leve à geladeira por 30 minutos.

3. Aqueça a panela do crepe e coloque um pedaço pequeno de manteiga para cobrir toda a panela (necessário apenas para o primeiro crepe). Usando uma concha, entorne cerca de 3 colheres de sopa da massa (pode precisar de mais, se a panela for maior). Não ponha uma porção grande demais, ou o crepe ficará muito grosso.

4. Use uma espátula para espalhar bem a massa. Frite o crepe em fogo médio até que ele endureça por cima e doure por baixo, o que deve ocorrer em aproximadamente 1 minuto. Solte as bordas com cuidado, usando a espátula, e vire o crepe. Frite até dourar o outro lado. Quando isso acontecer, passe o crepe para uma travessa e continue fazendo os outros até a massa acabar.

5. Use os crepes prontos imediatamente ou congele-os para utilizar no futuro.

6. Se for realizar uma festa de crepes, deixe as opções de recheio e cobertura à mostra. Assim, os convidados poderão escolher e fazer os seus próprios crepes.

Bolinho de Mirtilo da Tia Elotia (receita na página 193).

Pãozinho de Laranja (receita na página 192).

Pudim de Pão de Pêssego com Creme Inglês (receita na página 194).

PÃOZINHO DE LARANJA

TEMPO DE PREPARO: 1 hora e 40 minutos (incluindo o tempo para crescer a massa) **|**
TEMPO DE COZIMENTO: 15 minutos **| RENDIMENTO:** 8 a 10 porções

Ingredientes:
MASSA

6 ½ xícaras de farinha de trigo

1 pacote de fermento

1 ¼ xícara de leite morno

½ xícara de manteiga

2 ovos

⅓ xícara de açúcar

Uma pitada de sal

½ lata de leite condensado

2 colheres de sopa de raspas de laranja

¼ xícara de suco de laranja

COBERTURA

1 ½ xícara de açúcar de confeiteiro

1 ½ colher de chá de raspas de laranja

½ xícara de suco de laranja

MODO DE PREPARO:

1. Misture 5 ½ xícaras de farinha e fermento em uma tigela grande. Aqueça o leite e a manteiga a uma temperatura de 50 graus e adicione-os à mistura de farinha. Acrescente os ovos e bata na batedeira por, aproximadamente, 4 minutos. Misture o açúcar, o sal, o leite condensado, as raspas de laranja e o suco. Coloque farinha extra, se necessário, para formar a massa. Sove a massa até ficar macia e elástica.

2. Molde a massa em forma de bola, cubra e deixe crescer até dobrar de tamanho.

3. Pré-aqueça o forno a 180 graus.

4. Divida a massa ao meio e enrole cada porção em um retângulo de 30cm x 15cm. Corte o retângulo ao meio e em tiras de cerca de 15cm de comprimento e 5cm de largura. Dê um nó frouxo nas tirinhas.

5. Coloque os nós em uma assadeira forrada com papel manteiga. Cubra e deixe crescer até dobrar de tamanho.

6. Leve ao forno por 12 a 15 minutos ou até dourar levemente por cima. Retire do forno e deixe esfriar.

7. **PARA FAZER A COBERTURA:** Em uma tigela pequena, misture o açúcar de confeiteiro, as raspas de laranja e o suco de laranja para formar um glacê. Despeje o glacê por cima dos pãezinhos de laranja quando eles ainda estiverem quentes e estará pronto para servir.

Regina: Esses pãezinhos macios e doces são perfeitos para um brunch de outono. Com apenas um toque de laranja e um delicioso glacê por cima, será difícil sobrar algum!

❖ *Imagem na página 190*

CAFÉ DA MANHÃ E A ARTE DA HOSPITALIDADE

BOLINHO DE MIRTILO DA TIA ELOTIA

TEMPO DE PREPARO: 25 minutos | **TEMPO DE COZIMENTO:** 25 a 35 minutos | **RENDIMENTO:** 6 a 8 porções

Ingredientes:
MASSA

¾ xícara de açúcar

¼ xícara de gordura vegetal

1 ovo

½ xícara de leite

2 xícaras de farinha de trigo

1 colher de chá de fermento em pó

½ colher de chá de sal

2 xícaras de mirtilo bem escorrido

MISTURA DE FARINHA

½ xícara de açúcar

⅓ xícara de farinha de trigo

½ colher de chá de canela

¼ de manteiga amolecida

MODO DE PREPARO:

1. Pré-aqueça o forno a 180 graus.

2. **PARA FAZER A MASSA:** Junte todos os ingredientes da massa, exceto os mirtilos, em uma tigela grande. Depois que estiverem bem misturados, adicione os mirtilos. Despeje a mistura em uma assadeira untada e farinhada de 20cm x 20cm.

3. **PARA FAZER A MISTURA DA FARINHA:** Misture todos os ingredientes da mistura da farinha e polvilhe por cima da massa. Asse por 25 a 35 minutos e sirva quente.

Kelly: Encontrei essa receita escrita à mão em um bloquinho de anotações em um chalé antigo. A tia da minha amiga, Elotia, era famosa por preparar essa receita com mirtilos fresquinhos no verão. Não tenha medo de usar gordura vegetal – às vezes ela é necessária para fazer esse tipo de bolo.

Imagem na página 190 ❖

PUDIM DE PÃO DE PÊSSEGO COM CREME INGLÊS

TEMPO DE PREPARO: 45 minutos (mais 2 horas para refrigeração) | **TEMPO DE COZIMENTO:** 40 a 45 minutos | **RENDIMENTO:** 8 a 10 porções

Ingredientes:
PUDIM DE PÃO

12 fatias de pão brioche, cortados em cubinhos de 2,5cm

2 ½ xícaras de pêssego fresco, descascado e picado

½ pote de cream cheese

1 xícara de nozes torradas e picadas

2 xícaras de leite integral

8 ovos levemente batidos

1 ½ xícara de creme de leite

¾ xícara de açúcar

½ colher de chá de essência de baunilha (ou extrato de baunilha)

½ colher de chá de sal marinho

¼ colher de chá de noz-moscada

½ colher de chá de canela

CREME INGLÊS

2 xícaras de leite integral

¼ xícara de açúcar

½ colher de essência de baunilha

4 gemas de ovo

MODO DE PREPARO:

1. Unte uma assadeira retangular.
2. Em uma tigela grande, misture pedaços de pão, pêssego, cream cheese e nozes. Depois despeje na assadeira.
3. Em outra vasilha, junte o leite, os ovos, o creme de leite, o açúcar, a baunilha, o sal, a noz-moscada e a canela. Mexa bem e derrame sobre a mistura do pão. Usando as costas de uma colher, pressione para umedecer os ingredientes. Cubra e deixe descansar na geladeira por cerca de 2 horas.
4. Pré-aqueça o forno a 180 graus e asse o pudim de pão descoberto por 40 a 45 minutos, ou até firmar.
5. Sirva com creme inglês quente
6. **PARA FAZER O CREME INGLÊS:** Coloque leite, 2 colheres de açúcar e a baunilha para ferver em fogo médio.
7. Em um recipiente grande, misture as gemas e o açúcar restante. Bem devagar, comece a entornar o leite quente aos poucos na mistura de ovos, movimentando sem parar. Volte com a mistura para a panela e cozinhe em fogo médio, mexendo sempre, até que a massa esteja espessa o bastante para cobrir as costas de uma colher. Cuidado para não ferver. O creme pode ser guardado na geladeira até a hora de usar.

❖ *Imagem na página 191*

ROLINHOS DE CANELA COM GLACÊ DOCE

TEMPO DE PREPARO: 1 hora (mais 30 minutos para crescer) | **TEMPO DE COZIMENTO:** 25 a 30 minutos | **RENDIMENTO:** 12 rolinhos

Ingredientes:
ROLINHOS

1 xícara de leite em temperatura ambiente

1 ½ colher de sopa de fermento

4 xícaras de farinha de trigo

6 colheres de sopa de manteiga

½ xícara de açúcar

2 ovos

Uma pitada de sal

RECHEIO

1 ½ xícara de açúcar mascavo

1 colher de sopa de canela

1 xícara de manteiga em temperatura ambiente

2 xícaras de nozes picadas

1 xícara de leite condensado

GLACÊ

½ xícara de açúcar mascavo

6 colheres de sopa de manteiga

2 ½ colheres de sopa de leite condensado

2 colheres de sopa de creme de leite fresco

2 colheres de sopa de creme de leite azedo (sour cream)

1 ½ colher de chá de xarope de milho

Uma pitada de sal

Essência de baunilha

½ colher de chá de canela

MODO DE PREPARO:

1. Unte 12 forminhas grandes de muffin.

2. Cubra levemente uma vasilha grande com óleo vegetal. Reserve.

3. Junte o leite e o fermento e deixe descansar até começar a borbulhar. Misture a farinha, a manteiga e o açúcar na tigela grande da batedeira elétrica com o batedor de massa. Bata até misturar bem. Adicione a mistura de fermento e comece a bater em velocidade média por aproximadamente 4 minutos, raspando de vez em quando as laterais da tigela com uma espátula de borracha. A massa deve ficar bem lisa.

4. Transfira a massa para a vasilha revestida com óleo vegetal e cubra com plástico filme. Coloque em um local sem corrente de ar para descansar por 20 minutos, ou até o dobrar de tamanho. Quando a massa estiver pronta, abra-a em um retângulo de 20cm x 60cm, em uma superfície com um pouco de farinha.

5. **PARA FAZER O RECHEIO:** Em um recipiente pequeno, misture o açúcar mascavo com a canela. Espalhe a manteiga e polvilhe com a canela, o açúcar e as nozes. Regue com o leite condensado.

6. Começando pela borda longa, enrole a massa o mais firme possível e prenda as pontas. Corte a massa em doze pedaços de 5cm e coloque-os nas forminhas de muffin, com o lado cortado para cima. Cubra e deixe descansar em local aquecido, por 30 minutos.

7. Pré-aqueça o forno a 180 graus. Arrume as formas de muffin em uma assadeira. Leve ao forno por 25 a 30 minutos, até que a massa esteja dourada.

8. **PARA FAZER O GLACÊ:** Em uma panela pequena, disponha o açúcar mascavo, a manteiga, o leite condensado, o creme de leite fresco, o creme de leite comum, o xarope de milho, o sal, a baunilha e a canela para ferver. Cozinhe até engrossar um pouco, por cerca de 3 minutos. Retire do fogo. Despeje o glacê sobre os pães quentes bem devagar. Deixe descansar até que os rolinhos tenham absorvido um pouco do glacê. Sirva quente.

OCASIÕES ESPECIAIS

Feriados e ocasiões especiais são os marcos anuais em nosso calendário que sinalizam as estações, as celebrações e as reuniões tão esperadas. Sem eles, o ano seria como uma queda livre, sem nada para nos segurar, desacelerar ou nos fazer lembrar de coisas importantes.

Seria como o mês de janeiro o ano todo. Embora o meu apreço pela comida e o seu vínculo com a comunidade tenham sido cultivados na mesa de jantar da família no dia a dia, as ocasiões especiais também se destacam em minha memória. E é claro que isso é intencional.

Para a maioria das pessoas, os jantares em família com frango e legumes que elas comeram milhares de vezes quando eram crianças são uma lembrança embaçada, embora tenham sido o alicerce da nossa saúde e formação. Mas as memórias acendem com cores vivas quando se trata dos ovos de chocolate que ganhávamos na Páscoa. Conseguimos sentir até o gosto do sorvete de pêssego caseiro que comemos na comemoração do Dia da Independência dos Estados Unidos e da caçarola de batata-doce com os marshmallows tostados do Dia de Ação de Graças.

As refeições que apreciamos em ocasiões especiais se destacam justamente por serem pratos diferentes, novos, normalmente servidos em dias especiais por pessoas especiais. Foi durante essas reuniões anuais que comecei a associar inconscientemente determinados membros da família pelos pratos que costumavam preparar.

Minha avó paterna era a rainha das batatas duplamente cozidas, embora em seus últimos anos, e com um suspiro que era a sua marca registrada, ela tenha nos contado quanto trabalho aquelas batatas passaram a dar. Acho que era por causa da parte do "duplamente". Ela e meu avô, que moravam em Annapolis, Maryland, também eram os fornecedores oficiais dos nossos frutos do mar. Caranguejo imperial, casquinha de caranguejo e camarão eram itens sempre presentes em nossas celebrações de fim de ano.

Quando ainda era criança, lembro-me de perceber que meus pais e meus tios ficavam cada vez mais preocupados com o preparo daqueles frutos do mar à medida que meus avós se aproximavam dos oitenta anos.

— Meredith, — começava minha mãe no meio da tarde — há quanto tempo o camarão está descongelando na pia da cozinha?"

— Desde as oito da manhã — respondia minha tia, sorrindo. — Vou dar um jeito.

Meus avós eram perfeitos para mim, então se eles deixaram os frutos do mar fora da geladeira por seis horas, com certeza sabiam o que estavam fazendo. Além disso, estávamos comendo os molhos feitos por eles durante aqueles anos e ninguém havia morrido

ainda. Apesar das práticas questionáveis, eu não tinha ideia do quanto era feliz por morar na Virgínia do Norte, a apenas uma hora de distância da casa deles, na Baía de Chesapeake. Eu não sabia que nem todo mundo comia caranguejo no quintal da casa dos avós.

Até hoje, já adultos, meus irmãos e eu ainda esperamos que nossa mãe prepare suas famosas receitas de Natal.

Desde cedo, aprendi que nas reuniões da família Minter cada membro desempenhava papéis importantes que não podiam ser abandonados sem consequências. A função da tia Carol Minter era levar o seu famoso purê de batata-doce (ingrediente secreto: raiz-forte). Tio Charlie supervisionava a preparação da carne; ela tinha que estar no ponto perfeito, que era malpassada – apenas um grau acima de mugindo. (Era um consenso que se alguém preferisse sua carne bem passada, então era um membro inferior da família Minter.)

Tio Jim era o responsável pela gemada caseira do Natal. Tia Meredith, de quem herdei meu nome do meio, preocupava-se abnegadamente com qualquer lacuna que pudesse preencher, e não com o prato que ela queria fazer. Sempre podíamos contar com Tia Meredith para algo elegante. Além de muitas outras coisas, minha mãe fazia pratos de sobremesa maravilhosos que pareciam salpicados com neve. Meu primo Scotty dizia que não dava para ter um Natal de verdade sem eles.

Até hoje, já adultos, meus irmãos e eu ainda esperamos que nossa mãe prepare suas famosas receitas de Natal. Nos últimos anos, ela mandou e-mails para filhos, genros e noras, explicando que não conseguiria realizar, sozinha, os pratos preferidos de cada um. Disse que deveríamos fazer nossa parte, pois não daria conta de fazer sua famosa torrada de véspera de Natal; dava muito trabalho. Esse e-mail anual deixa todos nós, seus filhos adultos, decepcionados (tudo bem, talvez não sejam todos).

Mas, então, chega o Natal, e lá estão as famosas torradas para o café da manhã e, mais tarde, a carne, o purê de batata especial, as couves-de-bruxelas crocantes e as sobremesas mais recentes da seção de estilo do *Washington Post*. Chega uma hora em que até a famosa sobremesa "salpicada com neve" aparece. No entanto, um dia, minha mãe vai realmente cumprir o que escreve naquele e-mail e deixar de fazer esses pratos – e, acredite em mim, será um verdadeiro caos.

Essa noção de refeições especiais para ocasiões especiais não tem a ver tanto com os pratos em si, mas sim com o importante princípio da tradição. Talvez você sempre tenha recheado o seu peru com molho de ostra, como a minha amiga April aprendeu a fazer desde cedo. Ou talvez você seja como Mary Katharine, e a sua mãe fazia um molho de pão de milho que não chegava nem perto da cavidade do peru. Descobri, em primeira mão, que essas práticas tão tradicionais para nós não são fáceis de serem abandonadas.

April é de Detroit e Mary Katharine é de Rock Hill, na Carolina do Sul, e isso explica muito todas as questões do nosso Dia de Ação de Graças das amigas com as quais começo a me preocupar no dia seguinte ao Halloween. Nós, por fim, chegamos a um acordo: fazemos os dois.

Essa disputa no Dia de Ação de Graças acontece porque nossa fidelidade não é a um determinado prato, não tem a ver com a comida em si. Tem a ver com a herança familiar

OCASIÕES ESPECIAIS

e com as experiências que aquela comida representa. De que outra maneira você poderia explicar um recheio de ostra?

Você prepara uma determinada refeição porque ela lembra de como sua avó costumava prepará-la. Usa determinada faca, porque era a faca que o seu pai utilizava para cortar o peru. Segue a receita ruim e cheia de óleo de um parente especial na esperança de dar aos seus filhos um gostinho daquilo que cresceu comendo.

Passamos tradições aos filhos, netos e sobrinhos porque entendemos a importância de estarmos ligados a uma tradição de família. Alguns pratos nos ajudam a sentir o gosto da infância, lembrando-nos de alguns parentes, das suas personalidades e dos valores que defendiam. Cozinhar e servir essas refeições a nossas próprias famílias e aos nossos amigos se tornam uma demonstração tangível de algo pelo que também gostaríamos de ser conhecidos.

Em termos bíblicos, a ideia de se reunir em momentos e dias especiais pode ser

---

> O fato de Deus unir a preparação das refeições e os alimentos com essas festividades é algo que devemos valorizar. Quando cheiros e gostos saborosos nos recordam da bondade de Deus na presença daqueles que amamos, estamos, então, celebrando um banquete que, um dia, será totalmente consumado no céu.

---

encontrada lá atrás, em Êxodo. Os israelitas celebraram a Páscoa para comemorar a libertação do Egito. Eles comiam pão sem fermento e sacrificavam animais na hora exata da noite em que haviam sido libertos da escravidão de faraó. Os alimentos que comiam e as tradições que mantinham os ajudavam a recordar da fidelidade de Deus na vida deles.

Outros tipos de festas bíblicas celebravam o amor e a aliança de Deus, sua provisão e seu perdão. O fato de Deus unir a preparação das refeições e os alimentos com essas festividades é algo que devemos valorizar. Quando cheiros e gostos saborosos nos recordam da bondade de Deus na presença daqueles que amamos, estamos, então, celebrando um banquete que, um dia, será totalmente consumado no céu.

Até lá, as reuniões em ocasiões especiais, como as festas de fim de ano, serão uma mistura de felicidade absoluta e também de anseios não satisfeitos, de muitos afazeres e talvez até de algumas discordâncias sobre como o recheio do peru deve ser preparado. Ou seria molho? Dada a loucura que esse tipo de reunião costuma trazer, tento sempre me lembrar de algumas coisas.

A primeira delas é que as festas de fim de ano normalmente não são o momento certo para tentar consertar os parentes. Tire isso da lista de tarefas e, em vez disso, faça a torta cheesecake da Regina. Você pode até ter queixas legítimas que precisem ser tratadas, mas descobri que dez minutos antes das batatas cozidas ficarem prontas não é o melhor momento para lidar com mágoas e ressentimentos.

Também busco me libertar do ideal cultural de jantares perfeitos. Como sou uma mulher solteira, minhas noites de Natal e Ação de Graças provavelmente nunca serão parecidas com as dos comerciais – cheias de crianças descendo as escadas para abrir presentes debaixo da árvore de Natal. Ou com um marido fatiando o peru e, logo em seguida, me entregando a chave de um carro novo parado na garagem com um laço amarrado no capô. Mas, na verdade, as noites de Natal de ninguém são assim.

Uma maneira de procurar combater expectativas irrealistas que, inevitavelmente, chegam com as festas de fim de ano e ocasiões especiais é voltar, intencionalmente, a atenção e o amor a Jesus. Tento permitir que Cristo defina a narrativa.

As festas de fim de ano normalmente não são o momento certo para tentar consertar os parentes. Tire isso da lista de tarefas e, em vez disso, faça a torta cheesecake da Regina.

Quando me esforço para ser grata, procuro maneiras de servir às pessoas ao meu redor e busco me contentar apenas no Senhor. Enquanto faço meus preparativos, minhas experiências normalmente se enchem de paz e alegria. E quando isso não acontece, sou honesta com ele sobre as questões sensíveis que essas datas costumam despertar em mim. Conversar com o Senhor enquanto cozinho é um bálsamo para a minha alma.

Com esses singelos conselhos cheios de amor em mente, aqui estão algumas das receitas favoritas de festas de fim de ano – minhas e da Regina –, que tornarão qualquer ocasião especial memorável. Afinal, este pode ser o ano em que sua mãe vai realmente parar de preparar todos os pratos. 🐾

Pernil de Cordeiro Braseado com Polenta (receita na página 206).

Repolho Gratinado (receita na página 207).

UM LUGAR À MESA

PERNIL DE CORDEIRO BRASEADO COM POLENTA

PERNIL DE CORDEIRO

TEMPO DE PREPARO: 20 minutos | **TEMPO DE COZIMENTO:** 5 a 6 horas | **RENDIMENTO:** 4 porções

Ingredientes:

3 colheres de sopa de azeite

4 pernis de cordeiro

2 colheres de chá de sal

1 colher de chá de pimenta-do-reino

2 cebolas médias picadas

3 dentes de alho picados

3 cenouras grandes picadas

1 ½ xícara de tomate amassado

MODO DE PREPARO:

1. Em uma frigideira grande, aqueça o azeite em fogo médio-alto.

2. Esfregue os pernis com sal e pimenta. Doure todos os lados do pernil. Retire da frigideira. Na mesma frigideira, acrescente a cebola, o alho e as cenouras. Mexa de vez em quando até ficar macio, o que deve ocorrer em 5 minutos, aproximadamente. Junte os tomates e transfira para o forno. Em seguida, coloque os pernis no forno. Cubra e deixe assar em fogo baixo até ficar macio, por cerca de 5 a 6 horas.

3. Sirva os pernis por cima da polenta e regue com o molho do próprio cordeiro.

POLENTA

TEMPO DE PREPARO: 15 minutos | **TEMPO DE COZIMENTO:** 25 minutos | **RENDIMENTO:** 4 porções

Ingredientes:

3 xícaras de água fervente

1 xícara de fubá

1 xícara de creme de leite fresco

2 colheres de sopa de manteiga

¼ colher de chá de sal

½ xícara de queijo parmesão

MODO DE PREPARO:

1. Ferva a água e, lentamente, despeje o fubá, mexendo sem parar para não formar caroços. Reduza o fogo, adicione o creme de leite e a manteiga e cozinhe por 25 minutos.

2. Retire do fogo. Acrescente sal e queijo parmesão.

Regina: Pernis de cordeiro são uma ótima maneira de expressar que uma ocasião é importante e fazer com que seus convidados se sintam especiais. É fácil de fazer, e o prato pode ser acompanhado de muitas coisas. Mas a melhor de todas é a polenta!

❖ *Imagem na página 204*

OCASIÕES ESPECIAIS

REPOLHO GRATINADO

TEMPO DE PREPARO: 15 minutos | **TEMPO DE COZIMENTO:** 30–45 minutes | **RENDIMENTO:** 4 a 6 porções

Ingredientes:

1 repolho médio, cortado em quatro partes e cozido

Sal e pimenta a gosto

2 tabletes de manteiga derretida

1 xícara de queijo parmesão ralado

2 xícaras de farinha de rosca

MODO DE PREPARO:

1. Pré-aqueça o forno a 180 graus. Esse prato é montado como se você fosse fazer uma lasanha.

2. Unte uma assadeira de 20cm x 30cm. Arrume cada folha de repolho, cobrindo cada camada com sal e pimenta, um fio de manteiga e uma leve camada de queijo parmesão e farinha de rosca. Vá montando em camadas até chegar ao topo do prato, finalizando com uma última camada de queijo e farinha de rosca.

3. Deixe no forno por cerca de 30 a 45 minutos ou até que o topo esteja dourado.

Regina: O repolho pode não ser a escolha mais popular das suas compras, mas essa receita pode transformá-la em uma fã do vegetal. Amanteigado, crocante e cheio de queijo. Na minha humilde opinião, é a melhor forma de incrementar qualquer vegetal, especialmente o repolho!

Imagem na página 205 ❖

Couve-de-bruxelas com Bacon (receita na página 211).

Ensopado de Carne (receita na página 210).

Torta Cheesecake (receita na página 212).

ENSOPADO DE CARNE

TEMPO DE PREPARO: 45 minutos | **TEMPO DE COZIMENTO:** 3 horas | **RENDIMENTO:** 4 a 6 porções

Ingredientes:

2 colheres de sopa de óleo vegetal, separadas

1 a 2kg de carne bovina, desossada, cortada em cubos (carne de sua preferência)

2 xícaras de cenouras fatiadas

½ cebola grande picada

1 ½ xícara de cebola-pérola descascada

2 xícaras de tomates descascados, sem caroço e picados

1 colher de chá de tomilho fresco picado

3 dentes de alho picados

1 colher de sopa de extrato de tomate

2 xícaras de água quente

Sal e pimenta a gosto

ROUX

2 colheres de sopa de manteiga

3 colheres de sopa de farinha de trigo

MODO DE PREPARO:

1. Adicione 1 colher de sopa de óleo vegetal em uma frigideira em fogo alto. Acrescente a carne e doure quantos pedaços couberem em uma camada. Vire frequentemente para dourar todos os lados. Transfira a carne para uma caçarola. Continue dourando até a carne ficar pronta.

2. Volte com a frigideira para o fogo e adicione 1 colher de sopa de óleo vegetal. Acrescente os legumes e deixe ferver por 5 minutos até dourar um pouco.

3. Em uma caçarola grande, coloque a carne, os vegetais, os tomates, o tomilho, o alho, o extrato de tomate e os líquidos. Esse líquido será suficiente para cobrir a carne. Adicione mais água, se necessário. Cozinhe por 2 a 3 horas até ficar bem macio. Sal e pimenta a gosto.

4. **PARA FAZER O ROUX:** Derreta a manteiga em uma panela pequena. Em seguida, ponha a farinha e mexa bem até formar uma pasta. Acrescente ½ xícara do molho de carne e misture bem. Continue despejando mais líquido para dissolver todo o molho.

5. Junte o Roux à carne e mexa para engrossar o ensopado.

Kelly: Sempre que janto na casa da Regina, torço para que ela sirva esse ensopado de carne. Os cortes de carne que ela usa fazem toda a diferença, pois a carne fica muito macia. Normalmente não associamos a expressão "derrete na boca" a um ensopado de carne, mas é tudo em que consigo pensar quando como essa refeição tradicional.

❖ *Imagem na página 208*

OCASIÕES ESPECIAIS

COUVE-DE-BRUXELAS COM BACON

TEMPO DE PREPARO: 10 minutos | **TEMPO DE COZIMENTO:** 15 minutos | **RENDIMENTO:** 4 a 6 porções

Ingredientes:

1kg de couve-de-bruxelas

½ xícara de bacon picado em pedaços pequenos

3 colheres de sopa de manteiga

1 dente de alho picado

Opcional: sal e pimenta a gosto

MODO DE PREPARO:

1. Retire as hastes das couves-de-bruxelas e corte-as ao meio no sentido do seu comprimento.
2. Em uma frigideira, frite os pedaços de bacon até ficarem crocantes. Reserve.
3. Aqueça a manteiga em uma panela grande o suficiente para conter todas as couves-de-bruxelas. Junte o alho e cozinhe em fogo baixo por cerca de 2 minutos. Ajuste o fogo para médio e acrescente as couves-de-bruxelas. Deixe-as cozinhar, virando constantemente para não queimar. Elas devem ficar macias, mas não muito.
4. Acrescente o bacon e sirva quente.

Imagem na página 208 ❖

TORTA CHEESECAKE

TEMPO DE PREPARO: 20 minutos | **TEMPO DE COZIMENTO:** 1 hora e 15 minutos | **RENDIMENTO:** 6 a 8 porções

Ingredientes:
MASSA

2 xícaras de bolacha de baunilha moída (ou chocolate)

¼ xícara de açúcar

5 colheres de sopa de manteiga derretida

RECHEIO

230g de cream cheese

1 lata de leite condensado

½ xícara de açúcar

5 ovos

½ colher de chá de essência de baunilha

⅓ xícara de creme de leite fresco

Uma pitada de sal

MODO DE PREPARO:

1. Pré-aqueça o forno a 160 graus. Unte uma assadeira com manteiga e cubra com papel manteiga (o fundo e as laterais).

2. **PARA A MASSA:** Misture os ingredientes da massa e pressione-a na assadeira. Usando a ponta dos dedos, vá levando a massa para as laterais da assadeira, para cobrir uma altura por volta de 2,5cm.

3. **PARA O RECHEIO:** Em uma tigela grande, use uma batedeira para misturar bem o cream cheese, o leite condensado e o açúcar. Junte os ovos, um de cada vez, até obter uma massa homogênea. Em seguida, adicione a baunilha, o creme de leite e o sal até haver homogeneidade. Despeje o recheio na assadeira forrada com a massa e cubra com plástico filme. Encha uma assadeira com água quente até cerca de 2,5cm e coloque, cuidadosamente, a assadeira com o cheesecake dentro dela. Leve ao forno até que o centro esteja quase firme – sacuda a assadeira de baixo para testar a firmeza –, o que deve ocorrer em 50 minutos, aproximadamente. Retire o cheesecake e deixe esfriar. Acomode-o na geladeira durante a noite.

CHEESECAKE DE CHOCOLATE

Siga as mesmas instruções do cheesecake tradicional. Entretanto, assim que a massa for derramada na assadeira, no passo 3, adicione 1 xícara de chocolate meio amargo derretido. Gire a assadeira quando entornar o chocolate para dispersar e fazer um desenho. Siga o resto da receita a partir daí.

CHEESECAKE DE MANTEIGA DE AMENDOIM

Siga as mesmas instruções da receita normal, mas acrescente 1 xícara de manteiga de amendoim à massa no passo 3. Depois bata para misturar. Siga a receita a partir daí.

CHEESECAKE MAIOR QUE INCLUA CAMADAS DE BOLO

Se você quiser fazer uma cheesecake mais alta, asse a base como uma camada de bolo, usando uma mistura para bolo. Para a cheesecake de chocolate, por exemplo, eu uso uma caixa de mistura para bolo de brownie e sigo as instruções da embalagem. Quando o bolo ficar pronto, adicione a massa da cheesecake e acompanhe as instruções da receita anterior.

❖ *Imagem na página 209*

Lombo de Porco (receita na página 216).

Torta de Nozes da Charlotte (receita na página 218).

Arroz de Natal (receita na página 217).

LOMBO DE PORCO

TEMPO DE PREPARO: 45 minutos | **TEMPO DE COZIMENTO:** 1 hora e 30 minutos | **RENDIMENTO:** 6 a 8 porções

Ingredientes:
RECHEIO

2 colheres de sopa de manteiga

3 colheres de sopa de açúcar mascavo

5 maçãs cortadas em cubos

1 colher de chá de suco de limão

LOMBO DE PORCO

1 lombo de porco desossado (2kg)

1 ½ colher de chá de sal (ou mais, se necessário)

1 ½ colher de chá de pimenta-do--reino (ou mais, se necessário)

2 dentes de alho amassados (ou mais, se necessário)

1 colher de sopa de cebola em pó

MODO DE PREPARO:

1. **PARA FAZER O RECHEIO:** Derreta a manteiga em uma frigideira. Em seguida, adicione o açúcar mascavo, as maçãs e o suco de limão. Cozinhe por volta de 5 minutos e reserve.

2. **PARA FAZER O LOMBO DE PORCO:** Pré-aqueça o forno a 190 graus. Corte a carne de porco à borboleta. Coloque cada lombo sobre uma tábua e corte longitudinalmente através do centro (cerca de 7,6cm de profundidade), mas não corte completamente. Faça isso até que o lombo se abra, formando um quadrado de 25cm por 25cm. Achate a carne até que fique com aproximadamente 2,5cm de espessura, usando um martelo de carne ou um rolo de massa. Tempere a carne com sal, pimenta, alho e cebola em pó.

3. Despeje a mistura da maçã sobre a carne de porco e a enrole. Amarre com um barbante a distâncias em torno de 2cm. Finalize com o resto de sal, pimenta, alho e cebola.

4. Leve ao forno até que a carne esteja pronta, o que deve ocorrer de 30 a 45 minutos.

❖ *Imagem na página 214*

ARROZ DE NATAL

TEMPO DE PREPARO: 30 minutos | **TEMPO DE COZIMENTO:** 54 minutos | **RENDIMENTO:** 6 a 8 porções

Ingredientes:

4 colheres de sopa de manteiga

20 cebolas-pérola

1 ½ xícara de arroz selvagem

5 ½ xícaras de caldo de galinha

1 ½ xícara de arroz de grão longo

1 xícara de damascos secos, picados grosseiramente

1 xícara de passas

¾ xícara de amoras secas

2 colheres de sopa de tomilho fresco picado

1 ½ xícara de nozes torradas e picadas

Sal e pimenta a gosto

MODO DE PREPARO:

1. Derreta 2 colheres de sopa de manteiga em uma frigideira grande em fogo médio. Adicione as cebolas-pérola e refogue até dourar. Reserve.

2. Em uma panela grande, derreta 2 colheres de sopa de manteiga. Acrescente arroz selvagem e mexa para cobrir todo o arroz com a manteiga. Em seguida, adicione o caldo de galinha. Deixe ferver e reduza o fogo, tampe e cozinhe por 30 minutos. Junte o arroz de grão longo e continue a cozinhar até que ele fique macio por inteiro e o líquido esteja quase todo absorvido, o que deve ocorrer em 20 minutos.

3. Junte os damascos, as passas, as amoras e o tomilho. Tampe e cozinhe por mais 4 minutos. Coloque as cebolas-pérola e o resto da manteiga. Misture as nozes. Tempere com sal e pimenta a gosto.

Imagem na página 215

UM LUGAR À MESA

TORTA DE NOZES DA CHARLOTTE

TEMPO DE PREPARO: 10 minutos | **TEMPO DE COZIMENTO:** 1 hora e 15 minutos | **RENDIMENTO:** 6 a 8 porções

Ingredientes:
RECHEIO

1 xícara de açúcar

¾ xícara de xarope Karo light

3 ovos

½ barra de manteiga derretida

1 colher de chá de essência de baunilha

1 xícara de pedaços de nozes

MASSA

1 pacote de bolacha maisena

200g de manteiga

MODO DE PREPARO:

1. Pré-aqueça o forno a 160 graus.

2. **PARA FAZER A MASSA:** triture a bolacha maisena e vá acrescentando manteiga até formar uma massa. Coloque em uma forma de fundo removível e ponha para assar por 6 minutos.

3. **PARA FAZER O RECHEIO:** Misture todos os ingredientes em uma tigela e despeje-os na forma da torta.

4. Leve ao forno por 1 hora e 15 (ou 20) minutos e reduza o fogo para 140 graus, deixando assar até dourar e firmar.

❖ *Imagem na página 215*

Trança Folhada de Frango com Espinafre (receita na página 222).

Salada de Alface Romana da Mamãe (receita na página 224).

Aspargos com Pinoli e Parmesão (receita na página 223).

TRANÇA FOLHADA DE FRANGO COM ESPINAFRE

TEMPO DE PREPARO: 45 minutos | **TEMPO DE COZIMENTO:** 20 a 25 minutos | **RENDIMENTO:** 6 a 8 porções

Ingredientes:

1 frango assado, desossado e desfiado

2 pacotes de espinafre congelado (280g cada)

½ colher de chá de alho em pó

½ colher de chá de cebola em pó

Sal e pimenta a gosto

350g de creme cheese

2 xícaras de queijo cheddar em temperatura ambiente

2 folhas de massa folhada

2 gemas de ovo para pincelar a massa

Opcional: sementes de papoula ou de gergelim

MODO DE PREPARO:

1. Pré-aqueça o forno a 180 graus. Forre uma assadeira com papel manteiga.
2. Em uma tigela grande, misture o frango desfiado, o espinafre, os temperos e os queijos.
3. Em uma superfície levemente enfarinhada, enrole cada folha de massa folhada em formato de um retângulo de cerca de 25cm x 30cm. Divida a mistura de frango com espinafre entre as duas folhas e coloque cada metade em camadas. Pincele as bordas das folhas de massa com as gemas de ovo.
4. Enrole a massa para que o recheio fique totalmente fechado. Dobre as pontas e arrume na assadeira forrada com papel manteiga com o lado da emenda para baixo. Pincele a parte de cima da massa com as gemas de ovo.
5. Agora você pode usar a criatividade. Corte alguns formatos do resto da massa e deite-os por cima dela, pincelando com as gemas para que grudem na massa.
6. Leve ao forno por 20 a 25 minutos ou até dourarem.

Regina: Essa é uma versão cremosa e calorosa de frango, podendo ser tão elegante ou simples quanto você desejar. Fique à vontade para polvilhar a massa com sementes de papoula ou gergelim, caso esteja se sentindo criativa!

❖ *Imagem na página 220*

OCASIÕES ESPECIAIS

ASPARGOS COM PINOLI E PARMESÃO

TEMPO DE PREPARO: 15 minutos | **TEMPO DE COZIMENTO:** 15 minutos | **RENDIMENTO:** 6 a 8 porções

Ingredientes:

1 xícara de pinoli torrados

900g de aspargos

Sal e pimenta a gosto

4 colheres de sopa de manteiga

Queijo parmesão cortado em raspas grandes

Limão cortado em fatias para servir

MODO DE PREPARO:

1. Pré-aqueça o forno a 150 graus. Torre os pinoli em uma assadeira no forno (ou use uma frigideira, mexendo sempre) até ficarem levemente coloridos e cheirosos. Reserve.

2. Tire qualquer ponta dura, branca ou escura dos aspargos e descarte. Para fazer os aspargos *al dente*, coloque-os em uma travessa que possa ir ao micro-ondas e esquente por 5 minutos (ou mais, se necessário), de acordo com a sua preferência. Adicione sal e pimenta a gosto.

3. Doure a manteiga em uma frigideira e derrame sobre os aspargos. Em seguida, acrescente os pinoli e as lascas de queijo parmesão. Sirva com rodelas de limão.

Imagem na página 221 ❖

SALADA DE ALFACE ROMANA DA MAMÃE

TEMPO DE PREPARO: 15 minutos | **TEMPO DE COZIMENTO:** 5 minutos | **RENDIMENTO:** 6 a 8 porções

Ingredientes:

SALADA

10 xícaras de alface romana picada em pedaços pequenos

Óleo vegetal

1 xícara de nozes cortadas ao meio

3 colheres de sopa de mel

VINAGRETE

1 dente de alho picado

1 colher de sopa de cebolas chalotas picadas bem finas

¼ colher de chá de sal

¼ colher de chá de pimenta moída na hora

2 colheres de sopa de mel

2 colheres de chá de mostarda Dijon

2 colheres de sopa de vinagre de vinho tinto

6 colheres de sopa de óleo vegetal

MODO DE PREPARO:

1. Pré-aqueça o forno a 190 graus. Unte levemente 2 assadeiras com óleo vegetal. Coloque os pedaços desfiados da alface romana em uma saladeira grande.

2. **PARA COBERTURA DE NOZES:** Em uma tigela pequena, coloque as nozes com o mel e misture bem, mas delicadamente. Espalhe as nozes em uma única camada em uma das assadeiras. Leve ao forno pré-aquecido, mexendo apenas uma vez, até o mel começar a borbulhar (cerca de 5 minutos). Passe as nozes imediatamente para a outra assadeira, dispersando-as para esfriar.

3. **PARA O VINAGRETE:** Em uma tigela pequena, misture o alho, as chalotas, o sal, a pimenta, o mel, a mostarda Dijon e o vinagre de vinho tinto. Mexendo sempre, adicione lentamente o óleo vegetal em um fluxo contínuo.

4. **PARA MONTAR A SALADA:** Regue a salada com o molho vinagrete e polvilhe as nozes assadas por cima. Sirva imediatamente.

Kelly: Minha mãe cozinha muito bem, mas é daquelas pessoas que não anota nada. Ela faz um pouco disso, um pouco daquilo, e nós nunca sabemos exatamente como. Precisei implorar para ela escrever essa receita a fim de que eu pudesse colocá-la no livro. O molho vale o preço dessa receita.

❖ *Imagem na página 221*

BATATA DUPLAMENTE ASSADA

TEMPO DE PREPARO: 30 minutos | **TEMPO DE COZIMENTO:** 15 a 18 minutos | **RENDIMENTO:** 4 a 6 porções

Ingredientes:

4 batatas grandes

4 colheres de sopa de manteiga

½ xícara de creme de leite fresco

1 colher de chá de cebolinha

1 xícara de queijo cheddar

½ xícara de creme de leite azedo (sour cream)

Sal e pimenta a gosto

6 fatias de bacon frito, cortadas em pedaços pequenos

MODO DE PREPARO:

1. Asse as batatas no forno ou no micro-ondas até ficarem no ponto certo. Se usar o forno, asse a uma temperatura de 180 graus até ficarem macias. Se utilizar o micro-ondas, esquente cada batata por cerca de 7 minutos e deixe esfriar.

2. Pré-aqueça o forno a 200 graus.

3. Mantenha as cascas das batatas e corte, cuidadosamente, 2cm da casca do topo das batatas e retire a polpa. Acomode as polpas das batatas em uma tigela.

4. Amasse as batatas e adicione a manteiga, o creme de leite fresco, a cebolinha, o queijo cheddar, o creme de leite comum, o sal e a pimenta. Coloque a mistura de volta nas cascas de batata, deixando um pouco do recheio deslizar para fora. Polvilhe com pedaços de bacon e leve ao forno por 15 minutos. Retire do forno, espalhe mais cebolinha e sirva quente.

BEBIDAS DA ESTAÇÃO

As bebidas da estação conferem um toque especial às suas reuniões, sem custar muito caro ou exigir muito esforço para os preparativos. No verão, adoro misturar água com gás com suco de acerola. É uma bebida refrescante, colorida e você ainda pode enfeitá-la com uma rodela de limão na borda do copo. Meus sobrinhos adoram e sempre pedem para eu preparar o que, carinhosamente, chamam de "bebida especial". Em vez de suco de acerola, você também pode usar uma colher de sopa de concentrado de cereja. As cerejas têm muitos antioxidantes e o sabor é um dos meus preferidos.

Outra opção simples e disponível o ano todo é água com infusão de frutas e ervas da estação. Você pode servir em uma jarra ou bebedouro de vidro. Misture várias frutas cítricas, melão, frutas vermelhas, gengibre e ervas, como manjericão, hortelã e alecrim, combinando-os para criar bebidas saborosas e saudáveis. Deixar pedaços de frutas e algumas ervas inteiras à mostra oferecem uma apresentação linda e convidativa.

> Outra opção simples e disponível o ano todo é água com infusão de frutas e ervas da estação. Você pode servir em uma jarra ou bebedouro de vidro.

Durante o outono, nunca me canso de ferver cidra no fogão, com cravo e canela. Há muitas receitas diferentes na internet, e qualquer versão que escolher encherá completamente cada cantinho da sua casa com um aroma convidativo, aquecendo o coração de amigos e familiares.

Também busco ter à mão algumas variedades de chás e um bom pote de mel. Chá preto inglês com um pouco de leite ou um bom chá verde com um toque de mel são alguns dos meus favoritos. E, claro, nunca fico sem um bom saco de grãos de café, creme e açúcar para aqueles que preferem um pouco de cafeína.

Uma das minhas memórias mais antigas e queridas, especialmente da época do Natal, é do meu pai fazendo chocolate quente para nós. Ele se recusava a utilizar as versões em pó instantâneo. "

— Crianças, deixe-me mostrar a vocês como

se faz chocolate quente. — Dizia, enquanto se debruçava sobre o fogão.

Para preparar uma única caneca, meu pai colocava uma colher de chá de cacau sem açúcar, uma colher de sopa de açúcar e uma pitada de sal em uma pequena panela. Depois de acrescentar uma quantidade de água suficiente para formar uma pasta, ele esquentava o chocolate em fogo médio-alto, adicionava 1/8 xícara de uma mistura de creme de leite e leite integral e uma xícara de leite (eu não disse que era saudável) e mexia até ferver. Depois, jogava alguns marshmallows por cima e éramos as crianças mais felizes da vizinhança. Amo fazer chocolate quente na versão do papai até hoje.

Se você está procurando algo mais saudável, posso sugerir uma mistura de gengibre, limão e mel, que faz bem para o intestino e ajuda a combater viroses. Corto pedaços de dois ou três centímetros de gengibre, descasco e corto em fatias mais finas. Fervo essas fatias em algumas xícaras de água. A quantidade de água vai depender se você prefere a bebida mais ou menos forte. Depois deixo coberto em infusão durante vinte minutos. Após coar o gengibre, acrescento um pouco de suco de limão fresco e uma colher de chá de mel. Então, é só misturar e saborear. (Você pode aproveitar o gengibre usado e fervê-lo mais uma ou duas vezes.)

Qualquer que seja a estação ou ocasião, não se esqueça das bebidas. Não importa se for apenas uma bebida básica para a nossa sobrevivência, como a água, ou bebidas refrescantes, arrumadas em um lindo balde com gelo, ou uma bebida quentinha para os meses mais frios do ano. Seus amigos e familiares se sentirão bem-vindos e acolhidos em sua casa no primeiro gole. ❖

DOCES COMEMORAÇÕES

As celebrações fazem bem para a alma. Seja para celebrar pessoas, eventos marcantes ou a fidelidade de Deus, é saudável organizar comemorações de vez em quando. Elas nos lembram de que, em meio à monotonia e às adversidades da vida, ainda podemos encontrar risos, comunhão e danças – em aniversários, casamentos, formaturas, batismos, chás de bebês e até festas de aposentadoria.

Comemorações chamam a atenção e despertam o entusiasmo, nos fazendo parar para celebrar. Além disso, elas nos oferecem uma ótima desculpa para rasgar sacos de açúcar, abrir potes de manteiga, quebrar ovos e não nos preocupar com a farinha espalhando-se por toda a cozinha. Elas nos dão motivos para cozinhar com ingredientes gordurosos sem sentir culpa por isso.

Sejamos honestas, é simplesmente impossível comemorar algo com aipo. Então, enquanto comemos um pedaço de torta ou de bolo, não precisamos contar quantas calorias há em cada fatia, nem nos preocupar com a dieta do dia seguinte. Está tudo implícito. Desse dia em diante, vamos todos supor que *voltaremos a nos alimentar bem logo na manhã seguinte.*

Uma das muitas razões pelas quais amei trabalhar com a Regina neste livro de receitas é porque ela é confeiteira e chocolaterie profissional, especializada em criar sobremesas do zero.

A regra #39 do livro *Food Rules (Regras da alimentação)*, de Michael Pollan, é: "Coma toda porcaria que quiser, desde que você mesmo a tenha cozinhado."* Ele quer dizer que sobremesas caseiras, feitas com ingredientes de verdade em vez de industrializados, exigem tempo. Então, se comer apenas as "porcarias" às quais está disposta a dedicar tempo para preparar, acabará comendo menos esse tipo de comida. Ou, pelo menos, essa é a ideia.

Uma das muitas razões pelas quais amei trabalhar com a Regina neste livro de receitas é porque ela é confeiteira e chocolaterie profissional, especializada em criar sobremesas do zero. Você não preparará essas sobremesas todos os dias, nem precisará.

Use-as apenas para as celebrações dignas delas. (Ou porque você ficou com vontade de comê-las em uma terça à noite depois do trabalho – também não tem problema.)

Pergunto-me que comemorações estão vindo agora à sua memória, o que as tornou especiais e quem estava sendo celebrado, que pratos foram servidos e se houve algum elemento-surpresa. Alguns verões atrás, eu estava na Moldávia, país do Leste Europeu, e aconteceu uma celebração que eu não esperava. A cultura de lá é bastante reservada, de natureza um tanto estoica. Quando pensamos em *celebração*, a Moldávia com certeza não é o primeiro lugar que vem à mente, e tenho certeza de que isso faz parte da estratégia daquele povo.

Eu estava lá para celebrar a formatura de treze meninas e onze meninos do Programa de Transição da Justice & Mercy International. É um programa de três anos para ajudar algumas das crianças mais vulneráveis do país, muitas das quais passaram toda a infância em orfanatos. Fiquei ali sentada, vendo todos aqueles adolescentes lindos e corajosos, de beca e capelo, receberem seus diplomas. A gravidade da origem daqueles jovens e as oportunidades que tinham agora pela frente me trouxeram sobriedade e me fizeram refletir. E, então, a banda começou a tocar.

Antes que eu me desse conta, a banda estava tocando a todo vapor, os garçons já passavam pelos convidados com as fatias de bolo e adultos e crianças movimentavam-se em uma dança folclórica tradicional da Moldávia, sob o céu estrelado.

Jamais subestime o vigor ou a resistência dos músicos moldavos tocando o dulcimer, o violino, a flauta, o acordeão e as gaitas de fole. Antes que eu me desse conta, a banda estava tocando a todo vapor, os garçons já passavam pelos convidados com as fatias de bolo e adultos e crianças movimentavam-se em uma dança folclórica tradicional da Moldávia, sob o céu estrelado.

Eles dançavam sincronizados, hábeis e batendo palmas. A capacidade de passar da elegância e compostura para um grupo de dançarinos animados em questão de segundos deve ser o seu grande segredo nacional. E, então, me ocorreu o motivo pelo qual os moldavos são tão reservados: eles guardam toda a energia para dançar!

De repente, alguém agarrou a minha mão e, sem que eu percebesse o que estava acontecendo, fui arrastada para o círculo, voando rapidamente pelo pátio, cantando letras em romeno e tentando me comportar de acordo com os protocolos da Moldávia.

Petru, um dos recém-formados, pegou a minha mão e pediu que dançasse com ele. Fiquei de olhos arregalados. Mas eu e a minha falta de habilidade para dançar não eram o foco daquela noite, e sim os jovens do nosso programa: Petru, Zita, Costa, Tanea, Maria, Ala e Tudor. Logo, Petru e eu dançamos ao ritmo do acordeão. Percebi que as duplas que dançavam bem estavam se revezando no centro da pista de dança enquanto a roda em volta deles gritava e celebrava. Eu estava ganhando confiança.

— Petru! — gritei. — Vamos para o meio da roda!

Nunca me esquecerei do pavor que tomou conta do seu rosto.

— Não, Kelly! — respondeu ele, com seu forte sotaque moldavo. — Não somos tão bons assim!

Ele tinha razão, mas se a diversão fosse um fator determinante para que fôssemos considerados bons dançarinos de folclore da Moldávia, teríamos sido os vencedores daquela noite.

Para o pai, a comemoração não era opcional. O seu filho havia voltado para casa, e um banquete com música e dança era a única atitude razoável.

Em algum momento, enquanto girava por aquela roda sob o brilho da lua, me dei conta de que não me divertia tanto assim fazia anos. Até aquele momento da vida, eu achava que sabia o que significava celebrar de fato. Eu estava do outro lado do mundo, celebrando a redenção, longe das preocupações da vida cotidiana, sem minhas inibições habituais. Como, por exemplo, a desculpa sempre usada por mim de que *eu não sabia dançar*. Comemorando aqueles jovens que foram salvos de ambientes terríveis e levados para lares amorosos, agora prontos para encarar o mundo. Comemorando a amizade intercultural e a profunda comunhão por meio da pessoa de Jesus. Depois de tudo o que eles haviam enfrentado e tudo o que conseguiram vencer, simplesmente precisávamos comemorar. Nenhuma outra atitude teria sido adequada.

Em Lucas 15, Jesus conta a história de um pai que celebrou a volta do filho mais novo para casa. Isso me lembra não apenas da oportunidade, mas também da responsabilidade que temos de comemorar. Quando o filho mais novo voltou para casa, depois de ter desperdiçado toda a sua herança com festas e prostitutas, o coração do pai, surpreendentemente, encheu-se de compaixão. Ao ver, de longe, o filho se aproximar, o pai pegou a melhor roupa e correu pelo campo. Ele foi de braços abertos até chegar ao filho e abraçá-lo.

O pai disse aos seus servos: "Tragam o novilho gordo e matem-no. Vamos fazer uma festa e alegrar-nos. Pois este meu filho estava morto e voltou à vida; estava perdido e foi achado'. E começaram a festejar o seu regresso" (Lc 15.23-24). *Um banquete*. Os melhores alimentos, o bezerro mais gordo, o bolo de morango da Regina (minha interpretação) foram a peça central da celebração. Não podemos deixar o papel da refeição passar despercebido na história.

O pai explicou ao irmão mais velho que o seu irmão rebelde estava perdido, mas agora fora encontrado, ele estava morto, mas agora estava vivo. "*Nós tínhamos* que celebrar" (Lc 15.32, ênfase minha).

Para o pai, a comemoração não era opcional. O seu filho havia voltado para casa, e um banquete com música e dança era a única atitude razoável. Para aqueles jovens da Moldávia, que tinham passado por dificuldades indescritíveis, a formatura exigia uma festa de proporções épicas. Não sei que pessoas especiais ou marcos você celebrará este ano, mas se não puder contratar uma banda moldava, uma sobremesa bem elaborada e preparada com muito amor e alegria já ajudará bastante.

DOCES COMEMORAÇÕES

  Faça alguma coisa do zero. Retire todos os atalhos. Deveríamos ter prazer de celebrar o dom da vida e a bondade de Deus, pois além de ser nosso privilégio comemorá-los, também é nossa responsabilidade. Às vezes a celebração é simplesmente algo que cabe a nós. Não é apenas porque podemos ou devemos cozinhar algo maravilhoso, mas porque simplesmente *precisamos*.

* Michael Pollan, *Food Rules: An Eater's Manual* (*Regras da alimentação: Manual do devorador*) (New York: Penguin Books, 2009).

UM LUGAR À MESA

DOCES COMEMORAÇÕES

BOLO DE MORANGO

TEMPO DE PREPARO: 1 hora e 15 minutos (mais 2 horas para refrigeração) | **TEMPO DE COZIMENTO:** 50 minutos | **RENDIMENTO:** 12 a 16 porções

Ingredientes:

RECHEIO

680g de morangos frescos e fatiados (separe 5 morangos inteiros para decorar o bolo)

3 colheres de sopa de açúcar

1 lata de leite condensado

2 latas de leite (use a lata do leite condensado para medir)

4 gemas de ovo

¾ colher de chá de essência de baunilha

2 colheres de sopa de amido de milho

1 lata de creme de leite

CHANTILLY

4 xícaras de creme de leite fresco

2 colheres de sopa de açúcar

BOLO

1 colher de sopa de manteiga

6 ovos, separados

3 xícaras de açúcar

10 colheres de sopa de leite quente

3 xícaras de farinha de trigo

1 ½ colher de chá de fermento em pó

MODO DE PREPARO:

1. **PARA OS MORANGOS:** Em uma tigela pequena, misture os morangos fatiados (separe 5 para a decoração) com 3 colheres de sopa de açúcar e mexa. Cubra com papel filme e deixe a tigela descansar na geladeira por cerca de 2 horas, até que os morangos soltem seus sucos.

2. **PARA O RECHEIO:** Em uma panela de tamanho médio e fogo médio, misture o leite condensado, o leite, as gemas de ovo, a baunilha e o amido de milho. Cozinhe, sem parar de revolver, até o creme engrossar e ficar com a consistência de um creme de confeiteiro. Despeje o creme em uma vasilha e adicione o creme de leite. Misture bem. Em seguida, cubra com plástico filme, pressionando diretamente sobre a superfície do creme para evitar a formação de uma película. Leve à geladeira para esfriar.

3. **PARA O CHANTILLY:** Em uma tigela grande, bata o creme de leite fresco com o açúcar até engrossar. Acomode na geladeira até a hora de utilizar.

4. **PARA O BOLO:** Use 1 colher de sopa de manteiga para untar uma forma redonda de 30cm e forre com papel manteiga. Pré-aqueça o forno a 180 graus.

5. Em um recipiente pequeno, bata as claras dos ovos com uma batedeira até ficar homogênea.

6. Na tigela grande da batedeira elétrica, bata as gemas e o açúcar até obter um creme claro e fofo. Adicione o leite aos poucos, sem parar de bater. Diminua a velocidade da batedeira para acrescentar a farinha e o fermento até misturar bem. Utilizando uma espátula, incorpore suavemente as claras em neve.

7. Derrame a massa na assadeira e leve ao forno por, aproximadamente, 20 a 25 minutos, até que um palito inserido no meio do bolo saia limpo. Deixe esfriar e vire o bolo em uma travessa. Use uma faca serrilhada longa para cortar, delicadamente, o bolo em três camadas.

8. **PARA MONTAR O BOLO PRONTO:** Comece pincelando, generosamente, a camada inferior do bolo com o suco dos morangos. Espalhe em uma camada do bolo metade dos morangos fatiados. Após isso, despeje ⅓ xícara do recheio, depois ⅔ xícara de chantilly. Repita a mesma coisa na segunda camada do bolo, sem esquecer de pincelar primeiro a base com o suco dos morangos. Monte a última camada, pincele com o suco e deixe o bolo descansar na geladeira por 1 hora. Cubra o bolo com chantilly e decore a parte superior com os 5 morangos inteiros. *Voilá!* O nosso bolo de aniversário preferido!

Bolo de Leite
(receita na página 240).

Torta de Café (receita na página 241).

BOLO DE LEITE

TEMPO DE PREPARO: 20 minutos (mais 3 horas de refrigeração) | **TEMPO DE COZIMENTO:** 25 minutos | **RENDIMENTO:** 6 a 8 porções

Ingredientes:
BOLO

Manteiga para untar a forma

1 ½ xícara de farinha de trigo

Uma pitada de sal

1 colher de sopa de fermento em pó

3 ovos

1 xícara de açúcar

1 colher de chá de essência de baunilha

½ xícara de leite integral

COBERTURA

1 lata (400g) de leite de coco

1 ¼ xícara de creme de leite fresco

1 lata (400g) de leite fresco evaporado

1 lata (400g) de leite condensado

Uma pitada de canela em pó

Uma pitada de cravo em pó

MODO DE PREPARO:

1. Pré-aqueça o forno a 180 graus.
2. Unte com manteiga uma assadeira de 20cm x 30cm.
3. Em uma tigela grande, misture a farinha, o sal e o fermento. Reserve.
4. Na vasilha grande da batedeira, bata os ovos, o açúcar e a essência de baunilha até obter um creme claro e fofo. Adicione metade da mistura de farinha em velocidade baixa até ficar bem homogêneo. Acrescente, lentamente, o leite e o resto da mistura da farinha.
5. Despeje a massa na assadeira e leve ao forno por, aproximadamente, 25 minutos. Retire do forno e deixe descansar.
6. **PARA PREPARAR A COBERTURA:** Em uma panela, junte o leite de coco, o creme de leite, o leite fresco evaporado, o leite condensado, a canela e o cravo. Ferva em fogo médio por 3 minutos. Remova do fogo e deixe descansar por 15 minutos.
7. Faça furos no bolo com um garfo e entorne, gradualmente, a mistura do leite sobre todo o bolo. Cubra o bolo e leve à geladeira por cerca de 3 horas.

❖ *Imagem na página 238*

TORTA DE CAFÉ

TEMPO DE PREPARO: 10 minutos | **TEMPO DE COZIMENTO:** 35 minutos | **RENDIMENTO:** 6 a 8 porções

Ingredientes:

200g de chocolate amargo (60% cacau)

2 colheres de sopa de café instantâneo

¾ xícara de manteiga

5 ovos, separados

1 xícara de açúcar

½ xícara de farinha de trigo

1 colher de chá de fermento em pó

MODO DE PREPARO:

1. Pré-aqueça o forno a 180 graus.
2. Forre a base de uma forma de 20cm com papel manteiga.
3. Coloque o chocolate amargo, os grãos de café instantâneo e a manteiga em uma vasilha e leve-a para ferver em banho-maria.
4. Bata as gemas dos ovos com o açúcar até que a mistura fique clara. Junte a farinha e o fermento. Em seguida, adicione a mistura de chocolate derretido, mexendo devagar.
5. Na tigela grande da batedeira elétrica, bata as claras em neve até ficarem firmes e junte-as, delicadamente, à mistura de chocolate. Transfira para a assadeira e leve ao forno por volta de 35 minutos. (O bolo deve ficar pegajoso no meio.) Deixe esfriar completamente antes de retirar da panela. Ele afundará no meio.
6. Para um acabamento mais apetitoso, você pode cobri-lo com ganache de chocolate.

Cookies de Chocolate ao Leite, Chocolate Branco e Caramelo (receita na página 244).

Cookies de Framboesa (receita na página 245).

Cookies de Nozes com Laranja (receita na página 246).

Brownies de Manteiga de Amendoim (receita na página 247).

COOKIES DE CHOCOLATE AO LEITE, CHOCOLATE BRANCO E CARAMELO

TEMPO DE PREPARO: 20 minutos | **TEMPO DE COZIMENTO:** 8 a 10 minutos | **RENDIMENTO:** 60 cookies

Ingredientes:

2 xícaras de manteiga

2 xícaras de açúcar

2 xícaras de açúcar mascavo

4 ovos grandes

2 colheres de chá de essência de baunilha

5 xícaras de aveia

4 xícaras de farinha de trigo

1 colher de chá de sal

2 colheres de chá de bicarbonato de sódio

2 colheres de chá de fermento em pó

2 xícaras de chocolate branco

2 xícaras de chocolate ao leite

½ xícara de pedaços de caramelo

Spray antiaderente de cozinha

MODO DE PREPARO:

1. Pré-aqueça o forno a 180 graus.

2. Em uma tigela grande, misture a manteiga, o açúcar e o açúcar mascavo. Na batedeira, use a velocidade média até obter um creme claro e fofo. Acrescente os ovos e a baunilha, mexendo até incorporar bem.

3. Em um processador de alimentos, bata a aveia até ela obter a consistência de um pó fino.

4. Em uma vasilha separada, junte a aveia em pó, a farinha, o sal, o bicarbonato de sódio e o fermento em pó. Mexa bastante. Adicione a mistura seca à mistura de manteiga, 1 xícara de cada vez, batendo a cada adição até misturar bem. Junte as gotas de chocolate e os pedaços de caramelo.

5. Faça bolinhas de 2,5cm com a massa e arrume-as em uma assadeira levemente untada a uma distância de 5cm uma da outra.

6. Leve ao forno por 8 a 10 minutos ou até dourar. Retire e deixe descansar por 3 minutos. Em seguida, retire da assadeira e permita que esfrie completamente.

❖ *Imagem na página 242*

COOKIES DE FRAMBOESA

TEMPO DE PREPARO: 20 minutos (mais 2 horas para refrigeração) | **TEMPO DE COZIMENTO:** 14 minutos | **RENDIMENTO:** 20 cookies

Ingredientes:

- 2 xícaras de manteiga em temperatura ambiente
- 1 ½ xícara de açúcar
- ½ colher de chá de essência de baunilha
- 2 ½ xícaras de amêndoas moídas
- 3 ovos
- 5 xícaras de farinha de trigo
- 1 colher de chá de canela
- Uma pitada de sal
- Geleia de framboesa para o recheio

MODO DE PREPARO:

1. Em uma tigela grande, bata a manteiga, o açúcar e a essência de baunilha até ficar cremoso. Em seguida, misture as amêndoas moídas. Adicione os ovos, um de cada vez, batendo bem enquanto os acrescenta.

2. Misture a farinha e a canela em uma vasilha grande. Depois, acrescente a mistura da manteiga, batendo até incorporar bem. Divida a massa em dois. Cubra cada uma com plástico filme e leve à geladeira por 2 horas.

3. Pré-aqueça o forno a 160 graus e forre uma assadeira com papel manteiga. Abra uma metade da massa sobre uma superfície levemente enfarinhada a uma espessura de 3cm. Use um cortador de biscoito redondo para cortar cookies de 6cm. Em seguida, utilizando um cortador de biscoito menor, em formato de coração, corte um coração no centro de cada cookie.

4. Abra a outra metade da massa sobre uma superfície levemente enfarinhada a uma espessura de 3cm. Com um cortador de biscoito redondo, faça cookies de 6cm.

5. Arrume os cookies em uma assadeira a uma distância de 2,5cm de um para o outro e leve ao forno até que as bordas dourem levemente, o que deve ocorrer em cerca de 14 minutos. Deixe esfriar.

6. Espalhe 1 colher de chá de geleia em cada cookie. Em seguida, cubra-os com os cookies com o corte de coração no centro.

OBSERVAÇÃO: Dependendo da época do ano ou da ocasião, você pode cortar formatos diferentes nos cookies, como árvores de Natal, estrelas, coelhos, trevos – seja criativa!

Kelly: Acredito que nunca deixarei de amar sobremesas de chocolate, mas também aprendi a valorizar mais as sobremesas sutis, menos doces, como biscoitos amanteigados para acompanhar uma xícara de chá. Talvez minhas viagens à Inglaterra sejam as responsáveis por isso. Esses cookies não são apenas ótimos para um lanche da tarde, como também fazem uma bela apresentação para servir aos convidados.

COOKIES DE NOZES COM LARANJA

TEMPO DE PREPARO: 15 minutos | **TEMPO DE COZIMENTO:** 12 a 16 minutos | **RENDIMENTO:** 20 cookies

Ingredientes:

17 colheres de sopa de manteiga sem sal em temperatura ambiente

¾ xícara de açúcar de confeiteiro

1 xícara de nozes finamente picadas

1 ½ colher de chá de raspas de laranja (pode ser substituído por 2 colheres de sopa de casca de laranja cristalizada, cortada bem fina)

2 ½ xícaras de farinha de trigo

Nozes inteiras para colocar por cima de cada cookie

Açúcar cristal para finalização

MODO DE PREPARO:

1. Pré-aqueça o forno a 180 graus. Forre uma assadeira (ou duas) com papel manteiga.

2. Na tigela grande de uma batedeira, junte a manteiga e o açúcar de confeiteiro até ficar cremoso e amarelo claro. Adicione as nozes, as raspas de laranja e a farinha e misture bem.

3. Faça bolinhas com a massa e ponha-as em uma assadeira forrada com papel manteiga. Achate levemente as bolinhas.

4. Para decorar, arrume metade de uma noz em cima de cada cookie e polvilhe com açúcar cristal. Em seguida, leve ao forno por 12 a 16 minutos.

❖ *Imagem na página 242*

DOCES COMEMORAÇÕES

BROWNIES DE MANTEIGA DE AMENDOIM

TEMPO DE PREPARO: 15 minutos | **TEMPO DE COZIMENTO:** 25 a 30 minutos | **RENDIMENTO:** 6 porções

Ingredientes:
BROWNIE

2 xícaras de farinha de trigo

2 colheres de chá de fermento em pó

⅔ xícara de manteiga

1 xícara de manteiga de amendoim

1 xícara de açúcar

1 xícara de açúcar mascavo

4 ovos

1 colher de chá de essência baunilha

COBERTURA

1 barra de manteiga

6 colheres de sopa de leite

4 colheres de sopa de cacau

1 saco (450g) de açúcar de confeiteiro

MODO DE PREPARO:

1. Pré-aqueça o forno a 180 graus e unte uma assadeira de 20cm x 30cm. Misture a farinha e o fermento em uma tigela média e reserve.

2. Em uma vasilha grande, bata a manteiga, a manteiga de amendoim e os açúcares. Adicione um ovo de cada vez e, em seguida, acrescente a baunilha. Depois de tudo mexido, junte os ingredientes secos aos úmidos.

3. Espalhe a mistura na assadeira untada. Leve ao forno por 25 a 30 minutos. Os brownies estarão prontos quando começarem a se soltar das laterais da assadeira e estiverem firmes no centro. Deixe-os esfriar enquanto você faz a cobertura de chocolate.

4. **PARA A COBERTURA:** Derreta a manteiga em uma panela com leite e cacau. Mexa. Quando borbulhar, retire do fogo e adicione um pacote de açúcar de confeiteiro. Bata até ficar homogêneo. Espalhe sobre os brownies resfriados e sirva.

Imagem na página 243 ❖

TORTA DE BANANA COM CAFÉ

TEMPO DE PREPARO: 3 horas | **TEMPO DE COZIMENTO:** 50 minutos | **RENDIMENTO:** 6 a 8 porções

Ingredientes:

1 ½ xícara de migalhas de biscoito amanteigado

10 colheres de sopa de manteiga derretida

2 latas (400g cada) de leite condensado (para fazer doce de leite)

1 ½ xícara de creme de leite fresco (para fazer chantilly)

⅓ xícara de açúcar de confeiteiro

1 colher de chá de essência de baunilha

½ colher de chá de pó de café instantâneo

3 bananas grandes fatiadas

Café moído na hora ou raspas de chocolate

MODO DE PREPARO:

1. Pré-aqueça o forno a 180 graus.

2. Misture as migalhas do biscoito amanteigado com a manteiga derretida. Em seguida, pressione em uma forma de 20cm. Leve ao forno por 5 a 8 minutos. Deixe esfriar.

3. Mergulhe as latas de leite condensado fechadas em uma panela funda com água fervente. Ferva por 3 horas, certificando-se de que as latas permaneçam cobertas com água. Adicione mais água conforme necessário. Retire as latas da água e deixe esfriar completamente antes de abrir. Depois de abertas, elas terão se transformado em doce de leite.

4. Bata o creme com açúcar de confeiteiro, baunilha e café instantâneo até ficar espesso e homogêneo.

5. Por cima da massa, espalhe ⅓ do doce de leite. Em seguida, adicione uma camada de bananas. Repita essas camadas mais duas vezes. Por fim, polvilhe o café moído ou as raspas de chocolate sobre o creme.

Kelly: Comi essa sobremesa no restaurante Hungry Monk, na Inglaterra, onde ela foi inventada!

BOLO INGLÊS DA MEME

TEMPO DE PREPARO: 15 minutos (mais 1 hora de refrigeração) | **TEMPO DE COZIMENTO:** 1 hora | **RENDIMENTO:** 8 a 10 porções

Ingredientes:

MISTURA DE FRUTAS VERMELHAS

2 xícaras de morangos fatiados

2 xícaras de mirtilo

2 xícaras de framboesa

¾ xícara de açúcar

BOLO INGLÊS

2 xícaras de manteiga

3 xícaras de açúcar

6 ovos

3 xícaras de farinha de trigo

1 xícara de leite

1 colher de sopa de raspas de limão

1 colher de chá de essência de baunilha

1 ½ colher de chá de fermento em pó

MODO DE PREPARO:

1. Pré-aqueça o forno a 180 graus. Unte uma forma de bolo com manteiga e polvilhe com farinha.

2. Misture todos os ingredientes à mescla de frutas vermelhas e deixe descansar por pelo menos 1 hora na geladeira para macerar.

3. Na tigela de uma batedeira elétrica, junte a manteiga e o açúcar até obter um creme claro e fofo. Adicione um ovo de cada vez, mexendo bem. Acrescente a farinha e o leite alternadamente. Em seguida, acrescente as raspas de limão, a baunilha e o fermento em pó. Despeje a massa na forma de bolo e leve ao forno por cerca de 1 hora até que um palito inserido no centro do bolo saia limpo.

4. Fatie o bolo e sirva com a mistura de frutas vermelhas por cima.

Regina: Em vez de frutas vermelhas, fique à vontade para usar qualquer fruta de sua preferência, ou frutas da estação. O pêssego também é uma ótima opção de cobertura. Para incrementar ainda mais essa receita, coloque chantilly!

DOCES COMEMORAÇÕES

TORTA DE CEREJA E AMÊNDOAS

TEMPO DE PREPARO: 45 minutos | **TEMPO DE COZIMENTO:** 45 minutos a 1 hora (mais 10 minutos para esfriar) |
RENDIMENTO: 6 a 8 porções

Ingredientes:
MASSA DA TORTA

1 ¾ xícara de farinha de trigo

4 colheres de sopa de manteiga amolecida

Uma pitada de sal

½ xícara de açúcar

3 gemas de ovo

1 colher de chá de essência de baunilha

RECHEIO DE CEREJA E AMÊNDOA

4 colheres de sopa de manteiga amolecida

½ xícara de açúcar

1 ovo

1 gema de ovo

¾ xícara de amêndoas moídas

Uma pitada de sal

2 xícaras de cerejas sem caroço

Açúcar de confeiteiro para polvilhar

Chantilly para servir

MODO DE PREPARO:

1. **PARA FAZER A MASSA DA TORTA:** Junte a farinha, a manteiga, o sal, o açúcar, as gemas e a baunilha. Misture com os dedos até formar migalhas grosseiras. Em seguida, sove a massa até que fique lisa e flexível. Molde a massa em uma bola, cubra com plástico filme e leve à geladeira por 30 minutos.

2. **PARA FAZER O RECHEIO DE CEREJA E AMÊNDAS:** Use uma batedeira elétrica para misturar a manteiga e o açúcar até formar uma substância macia e amarelo claro. Aos poucos, adicione os ovos e as gemas. Em seguida, acrescente as amêndoas moídas e o sal. Não misture demais.

3. Pré-aqueça o forno a 180 graus. Retire a massa da geladeira e abra, colocando-a sobre uma forma de torta de 20cm. Adicione o recheio de amêndoas com uma camada por cima da massa. Em seguida, arrume as cerejas, com a parte onde ficava o cabinho para baixo, em círculos concêntricos na parte superior do recheio. Acomode na geladeira por 10 minutos para esfriar. Em seguida, leve ao forno por cerca de 40 a 45 minutos, até que a massa solte das laterais da forma.

4. Para servir, polvilhe com açúcar de confeiteiro e acrescente um pouco de chantilly em cada fatia.

Kelly: Amo essa receita porque ela não é muito doce e as cerejas e amêndoas juntas conferem um sabor diferenciado.

PREPARAÇÃO PARA AS COMPRAS DO JANTAR

(Kelly) Costumo fazer parte do time da última hora quando se trata dos preparativos para um jantar. Eventualmente, consigo ir ao mercado um dia antes do evento marcado para comprar os ingredientes e me sinto tão responsável que a paz e a sensação de organização ao meu redor são desconcertantes. Normalmente fico como uma louca, terminando de preparar tudo em cima da hora. Conto os minutos para os convidados aparecerem, enquanto ainda estou sem maquiagem e o banheiro de visitas sem papel higiênico.

Por isso, estar perto de Regina me fez tão bem. Ela me ensinou que uma preparação serena não é uma arte que somente excelentes donas de casa são capazes de dominar. Basta um pouco de planejamento e preparação. Quem poderia imaginar?

> ## Ela me ensinou que uma preparação serena não é uma arte que somente excelentes donas de casa são capazes de dominar.

(Regina) Durante a infância, vi minha mãe e minha avó cozinhando e parecia que todos os afazeres giravam ao redor da cozinha. Ainda consigo sentir o cheiro e o sabor dos pratos que elas costumavam preparar em um simples fogão à lenha, que era o centro da nossa casa no Brasil.

Eu sempre me admirava com a capacidade que minha mãe e a minha avó tinham de fazer tudo parecer fácil. E também com o amor e o orgulho que elas tinham de servir às pessoas. Segui o exemplo delas e descobri a mesma felicidade que elas sentiam ao presenciar os outros saboreando a minha comida. Reunir amigos e familiares para um jantar não é tão difícil quanto você possa pensar. Aqui estão algumas ótimas lições que aprendi ao longo dos anos:

1. Prepare o menu com alguns dias de antecedência para que você tenha tempo de fazer mudanças de última hora. Lembre-se de escolher alguns pratos que possa preparar algumas horas antes do jantar, como sobremesas e acompanhamentos. Assim, ao chegar o dia, você terá tempo suficiente para cozinhar e ainda dar atenção aos convidados.

2. Faça uma lista. Tento fazer uma lista de compras pelo menos dois dias antes do jantar para garantir que não me esqueça de nada.

3. Leia as receitas do início ao fim antes de começar a cozinhar e certifique-se de que você possui todos os ingredientes necessários. Um dia antes do jantar, gosto de separar os ingredientes que usarei em recipientes diferentes, com uma cópia da receita colada em cada um. Isso facilita muito para ir direto ao trabalho quando chega o momento.

4. Uma mesa bem arrumada é meio caminho

DOCES COMEMORAÇÕES

Reunir amigos e familiares para um jantar não é tão difícil quanto você possa pensar.

andado. Se você gosta de decorar, flores frescas trazem um toque especial. Contudo, lembre-se de que mais nem sempre significa melhor. Pequenos vasos com algumas flores bem arrumadas ficam tão lindos quanto grandes arranjos. Se for receber convidados à noite, velas dão um toque aconchegante ao ambiente. Ponha algumas pela cozinha também, para dar esse toque em toda a casa.

5. Lembre-se de se divertir enquanto estiver cozinhando! Coloque a sua música preferida e relaxe (falar é fácil, eu sei, mas sempre vale a pena tentar). Siga as receitas e mantenha tudo aquecido dentro do forno ainda quente. Costumo deixar a cozinha limpa antes de os convidados chegarem para que apenas o cheiro da comida os atraia até

lá. Quando eles chegam, sirvo aperitivos e drinks. Agora é só se divertir!

(Kelly) Tento me lembrar de que casa limpa, mesa posta e compras de mercado feitas com antecedência não são a finalidade. Isso me ajuda a servir os convidados. Quando consigo me preparar antes do dia marcado, percebo que, em vez de me concentrar nas tarefas urgentes que circulam minha mente, posso focar a atenção nos rostos e nas histórias que preenchem minha casa. Tenho maior disponibilidade para me dedicar às pessoas. E não é esse o objetivo?

Porque o propósito de cozinhar e receber será sempre este: estar com aqueles que amamos. ❖

KELLY MINTER ama ensinar a Bíblia e acredita que a Palavra de Deus permeia todas as áreas de nossa vida. Quando não está escrevendo, palestrando ou cantando, ela pode ser encontrada em sua horta, escolhendo verduras e legumes que usará nas próprias receitas. Kelly também gosta de desfrutar da companhia dos seis sobrinhos e de se aventurar pelo rio Amazonas com a Justice & Mercy International. Nascida e criada no sul dos Estados Unidos, ela adora futebol americano universitário, fazer caminhadas pela vizinhança e compartilhar uma boa caneca de café com as melhores amigas.

REGINA PINTO é uma chefe de cozinha autodidata que aprendeu o básico da culinária com a avó e a mãe no Brasil. Já viajou pelos Estados Unidos e pelo Reino Unido, misturando os sabores de sua infância com os de cada novo destino. Regina é chocolaterie, chef de confeitaria e ex-proprietária do Blushing Berry, no Tennessee, onde criou trufas e sobremesas para algumas das marcas mais famosas de Nashville, incluindo Arrington Vineyards, Belle Meade e o Hermitage Hotel. Ela acredita que cozinhar é uma forma de expressar amor pelos outros e tem grande satisfação e alegria em ver as pessoas se deliciarem com os seus pratos – especialmente a sua família, já que tem dois filhos e três netos. Regina é membro da igreja Rolling Hills Community Church, em Franklin, Tennessee, e é voluntária ativa na Amazônia, junto com a Justice & Mercy International.